ちくま学芸文庫

快読100万語!
ペーパーバックへの道

酒井邦秀

筑摩書房

目 次

快読100万語！ ペーパーバックへの道

――辞書なし、とばし読み英語講座――

卓と大ちゃんと晃人に

はじめに

いまぼくの教室で「小さな奇跡」が起きています。大学生・高校生・社会人が次々と、英語のペーパーバックを読めるようになっているのです。

ぼくの指導を受けなくてもペーパーバックが読めるようになった人は世の中にたくさんいます。そういう意味では、「大きな」成果とはいえないかもしれません。

けれども「奇跡」という言葉を使いたくなります。というのは以前ぼくがやっていた授業では、ペーパーバックを読めるようになった人は何百人に一人しかいませんでした。率にして１％をはるかに下回っていました。しかもそういう人たちは、授業の成果というよりも、おそらく学生自身が努力して読めるようになったのだと思われます。

ところが３年前から大学生、高校生、社会人を相手に思い切った多読指導をはじめたところ、毎年20%以上の人が、１年以内にペーパーバックを読めるようになっています。そしてその割合はいまも増え続けています。授業や講座が終わったあとも一人で読み続けている人たちがたくさんいるからです。

その人たちについては、たしかにぼくの指導が貢献しているという手応えを感じています。教師になってから25年もたって、やっと意味のある英語の獲得法を見つけたという喜びが、つい「奇跡」と言わせてしまいます。

「めざせ100万語！」

この本は、「めざせ100万語！」という標語のもとに、中学１年生以上の英語の知識がある人なら、たぶんだれでもペーパーバックを楽しめるようになると考えられる方法を紹介します。

一言で言えば、やさしい絵本からはじめて少しずつ高度な本へと進んでいきます。山登りにたとえれば、麓の平地から歩きはじめて、なだらかな坂道を景色を楽しみながらゆっくり登っていると、いつの間にかペーパーバックという頂に立っている――そういうやり方です。

この本の第一の目的はみなさんになだらかな坂道を紹介することです。どんな本をどんな順番に読めば無理なく登っていけるかわかるようにします。また、ところどころに標識を立てて、いまどの辺まで登ってきたか、どのくらい「脚力」がついているのか、知らせます。「第１部　実践編」です。

第二の目的は装備の点検です。抱えきれないほどの荷物を持って高くまで登ろうとするのは無謀です。重い辞書は置いていきましょう。分厚い文法書も邪魔です。中でも「英語学習の常識」は心の重荷です。５文型も品詞もさっぱり捨ててしまいましょう。

そのためには頭から「常識」という鉢巻きをほどいてやる必要があります。「第２部　理論編」で「めざせ100万語！」という方法の背景を解説します。納得できれば、だれでも身も心も軽くペーパーバック読書をめざして出発できるはずです。

『どうして英語が使えない？』を読んだ人へ

前著『どうして英語が使えない？』(ちくま学芸文庫)で「やさしい本の多読」をすこしだけ紹介しました。その後、さいわい多読授業は大きく発展し、やっと成果を紹介できるようになりました。あの本で約束したことを一つ果たしたつもりです。

第1部　実践編

第１部は模擬授業だと思ってください。おおむね実際の授業の進み方にしたがっています。「出発のまえに」から第11講まであって、それぞれの講はまずどんな本を読めばいいのか紹介し、そのあと多読のやり方を解説しています。

出発のまえに

「はじめに」に書いたように、わたしたちはいまある山の頂をめざしています。それは100万語読破、つまり大人向けペーパーバックのやさしいものを辞書なしで読める力です。そこまで到達すれば、あとはもう自分で道を探して次の頂へ向かうことができます。

でも、わたしたちがいまいる場所はどこでしょう？そこから見て、頂上はどの方向にあって、どのくらい離れているのでしょう？

いまいる地点がわからなければ、どんな心構えや装備で出かけたらいいのかわかりません。一応の目安を立てるために、*Flying Home*（Penguin Readers シリーズ、EasyStarts）を読んでみます。この本をどのくらいの時間で読めるかを見れば、「いまいる位置」がすこしだけはっきりします。

なお、早く読もうとすることはありません。いつもの読み方でどうぞ。ただし辞書は引かないでください。時間の測定が大幅に狂ってきます。**「わからないところは**

飛ばす」ように心がけてください。

Felix is a blue and yellow bird from Brazil. He lives with the Baxter family in New York. His home is a big cage. It is on the fortieth floor of a tall building.

Felix likes the Baxters, and the Baxters like him. They give him food. They talk to him and show him to all their friends. But Felix is not happy. He wants to go home to Brazil.

Every night Felix looks up at the sky. He can see the whole city. It is big and exciting. It is home for the Baxters, but not for Felix.

(©Longman Group Limited 1989)

読み終わったとしましょう。どのくらいの時間がかかったかで、いまいる地点の目安をつけることができます。おおよその目安ですから、それほどの意味はありません。占いと変わらない程度の指針です。そこで、おみくじ風にいえば……

30秒以下で読み終わったあなた――大吉、または大凶！

もし「わからないところもあったけど、飛ばせっていうからどんどん飛ばし読みしたら30秒だった」というなら、大吉！

あなたはすばらしい可能性の持ち主です。なぜならすでにして、相当いい加減な人だからです。いままでペーパーバックが読めなかったのが不思議。おそらく、洋書といえば辞書を引きながら読むものと思いこんでいて、面倒だとあきらめていたのでしょう。

けれども今回は辞書を引く必要などない、わからないところは飛ばしていいと聞いて、気が楽になり、飛ばすこと、飛ばすこと……。

それでいいのです。その「いい加減さ」こそ「めざせ100万語！」の命。そのまま一気に頂上をめざしましょう。

でもくれぐれも、「わからないところは飛ばす」いい加減さは几帳面に持ち続けてください。頂上に到達するにはもう一つ大事なことがありますが、それはまたあとで書きましょう。

ただし、ペーパーバックをめざして急ぎすぎると足腰が鍛えられません。日常生活でいちばんよく使われる言葉は、ほとんどが第１講から第４講までに出てくる言葉です。そうした基本的な言葉の筋力を鍛えるには、第１講のやさしい本から順に、たくさん読んでください。

一方、「なんだ、このくらいの英文なら簡単、簡単。知らない単語はひとつもないし、文型も全部わかった」と自信満々のあなた——大凶です。次の「１分前後で読み終わった人」に出てくる中凶の人をもう一息悪くしたのがあなたの状況だと思ってください。くわしくは次に書きましょう。

１分前後で読み終わった人——中吉または中凶

あなたの前には二つの登山道がのびています。そのどちらを選ぶべきかは、むずかしい問題で、読み終わるまでの時間だけでは判断できません。

そこで、胸に手を当てて、次のことをよく考えてみてください。その結果で中吉か中凶かがわかり、進むべき道もおのずと明らかになります。

読んでいるとき、文を一つ一つ日本語に訳していなかっただろうか？

答えが「ノー」のあなた——中吉です。あなたの前に続く道は、多少時間がかかりますが、ほとんど平らで、見た目にはわからないほどの登り道です。日々の努力が素直に報われます。といっても第6講くらいまで行けば視界が開けて、「あ、こんなところまで登ったんだ」という気持ちよさを味わえるでしょう。だまされたと思って、ゆっくり登っていってください。

問題は、答えが「イエス」のあなた。あなたは学校時代、相当英語の成績がよかったはずです。それが裏目に出て、「めざせ100万語！」では中凶です。裏目どころか、学校英語の後遺症が足かせとなっているといっていいでしょう。もうすこし症状を分析してみます。

ふだん英語を読むときに、

- わからない語が気になって仕方がない。つい辞書を引きたくなってしまう。症状がひどい場合はわからない語があると、その先は一歩も進めない。
- わからない文はどうしても英文和訳をしてしまう。

和訳がきっちりできないと、気分が悪いし、先へ進めない。
- 主語はどれか、修飾節はどこまで、などと分析してしまう。
- あ、この単語は覚えておきたい、この表現は使えるかも……などとすぐ「お勉強」をはじめてしまう。

該当項目ができるだけ少ないことを祈ります。けれども30秒未満で読み終わった大凶の人は、複数該当する可能性があります。いわばペーパーバックの山頂まで行ける力がありながら、コンパスが狂っているために樹海に迷い込む危険があります。とにかく一度麓まで降りてみましょう。そこから気持ちを新たに出直しです。

とくにあなたが英語の先生だとすると、ぼくとしてはほとんどお手上げです。

英語の先生（またはそれに準ずる「英語力」の持ち主）であれば、ひょっとすると先ほどの英文をたとえば20秒以内で読み終わったかもしれません。一見大吉のようですが、大凶です。実はものすごい速さで手慣れた英文和訳をやっていた可能性があるのです。

その場合は、ただやさしい本を読んでいくだけでは治療できません。やさしい本を読んでいるうちは英文和訳でなんとかなりますが、そのうちかならず通用しなくなり、いままで挑戦したペーパーバック同様、挫折することになります。

相当な荒療治が必要です。第12講からはじまる unlearn で患部の摘出手術をして、それから麓の滝で精進潔斎、学校英語の汚れをすっかり洗い流し、身も心も生まれ変わったところで、頂上へ再挑戦です。

1分以上かかったあなた――小凶または小吉

日本語に訳しながら読んでいたので時間がかかったという人は、上に書いたように凶ですが、時間がかかったということは、それほど学校英語に冒されていないのでしょう。小凶です。

日本語には訳さなかったけれど時間がかかった、あるいは日本語に訳そうにも訳せなかったという人――あなたはいまはいちばん遅いグループに属します。けれどもあきらめることはありません。それどころか、中吉以上の人より有利な点さえあるのです。授業の中でそういう実例を見ています。第2講で紹介します。

中吉の人よりさらに時間がかかるとしても、はじめのうちは道はひたすら平坦です。頂上を遠目に、里の平らな道を歩いて足慣らしをしましょう。路傍の草花を楽しみながら、ゆっくり歩いていけば、登山口に着くころには脚力がついてきて、そのままゆっくりと登っていくと、いつしか足もとに広々とした平原の広がる見晴らし台に立っていることでしょう。そこで来し方をながめて満足感にひたり、さらに山頂をめざしてください。なにしろ麓のゆったりした斜面で知らないうちに足腰が鍛えられています。少々の上り坂でも息が切れないし、下り坂があってもめげません。頂上は果てしなく遠く見えるかもしれませんが、学校英語に汚されていない分だけ本当の英語の力がつきます。

かかった時間だけではわからない

実際には、かかった時間だけできっぱり判断できるわけではありません。30秒で読み終わった人がものすごい速さで英文和訳していたという例がある一方で、1分以上かかったけれど日本語にはなおしていない、内容を楽しんでいた、という例もあります。それに、一部は日本語に直し、一部は英語のまま理解していたという人もいるはずです。だから上の「占い」はすべて目安です。時間よりも診断内容を参考にして、あなたの場合を判断してください。

さあ、自分のいる地点がわかったら、いよいよ「めざせ100万語！」の開講です。

頭のなかの足かせ

なんでこんなやさしい、子どもっぽい本からはじめるのかと思うことでしょう。それは仕方ないのです。学校英語は辞書を使い、文法解析をして、短い文章に大変な時間をかけます。そんなのろのろした速度ではペーパーバックを楽しむというわけにはいきません。快適な速度で読むには、学校英語の読み方とはちがう、本来の読書を習いなおさなければならないのです。それは別に新奇なことではなく、ただ日本語の本を読むのとおなじように読むだけのことです。ところが英語を読む段になると学校英語が足かせになって、とたんに「普通の読み方」

ができなくなってしまいます。
頭のなかの足かせから自由になるためには、辞書と文法を使って読める英文よりもはるかにやさしい本からはじめます。

なぜペーパーバックか？　なぜ100万語か？　その先は？

英語をあらためて自分のものにしたいという人は、たいてい「話せるようになりたい」と言います。だから英会話学校はいっぱいあるけれど、「ペーパーバック学校」というのは聞いたことがありません。
ではなぜこの本では「読む」ことからはじめるのか？
英会話学校に何年も通ったけれど、期待したような効果は出なかったという人はたくさんいます。実はこれも「英語学習の非常識」の一つで、英会話学校に通っても英語力がつくわけではないのです。
英会話学校で身につく最も大きなものは、いま持っている英語の知識を駆使して、いかに図々しく話せるようになるかという「度胸」でしょう。
英会話学校に通っても英語力がつくわけではない理由は単純です。英語の吸収量が少ないからです。外国人を前にして１時間英語を話したとしても、耳から入ってくる英語の量はたかがしれています。せいぜい数千語というところでしょう。１週間に数千語では、１年通っても体にたまる量は雀の涙。とても外国語を使いたいという渇きを癒すには足りません。

目と耳から大量に吸収する

どんな言葉でも、その言葉が自分の口から出てくるには、体の中に相当な量がたまっていなければなりません。そして日本で英語を獲得しようとする場合、いちばん効率的な吸収法はやさしい本を読むことです。時と場所を選ばずに読めるからです。

また、読むことからはじめなければならない、日本の特殊事情があります。日本で英語教育をまったく受けていない人ならば、読むことからはじめることはないでしょう。やはり見る（ビデオなど)、聞く、話すからはじめるのがよいと思います。子どもが母語を獲得するのは「聞く、話す、読む、書く」という順番だといわれているからです。

けれども、この本を手にとるような人はどなたも学校英語にさらされてきたはずです。そして**英文和訳しながら理解する**癖がついているにちがいありません。しかも和訳するときに、英和辞典にのっている**まちがった訳語**を使い、**文の最後から逆にたどって訳している**のではありませんか？　それでは耳から聞いた外国語がわかるはずはありません。そこでまずはたくさん読んで、出てきた順に英語を理解できるようになろうというわけです。

子どものようにはなれない

語順をひっくり返すだけではありません。音もすっかりカタカナ英語になっていることでしょう。子どものようにまっ白な紙に外国語を描いていければいいのですが、それはかなりむずかしい。はっきり言えば、あなたが学校英語に親しんでいればいるほど、子どものように「耳から英語を獲得すること」はむずかしいと考えなければなりません。

実際の英語の音は学校英語とはまったく違って、奇妙に団子状態に聞こえます。ひとつながりの文を聞いても、どの部分も学校英語で習った単語には聞こえません。学校英語があなたと実際の英語のあいだにはいって、邪魔をしているわけです。

耳から目から100万語——きれいさっぱり洗い流す

邪魔な学校英語は、大量の英語のシャワーを浴びて洗い流す必要があります。ところが、もう子どもではないので聞いて洗い流すことは望みがたい。で、まず読んで洗い流します。さいわい本は持ち運びが楽で、ちょっとした空き時間にどんなところでも開くことができます。まずは本をさらさらと「流れるように」読める fluent reader をめざしましょう。

100万語は300ページほどのペーパーバックで10冊にあたります。100万語読んだらもう英語の学習は終わり、というわけではありません。いままでの指導経験から判断すると、もちろん個人差はありますが、だいたい100万語くらい読むと、指導はいらなくなると思われます。次はこんな本を読むといいですよと助け舟を出さなくても、自分で図書館や洋書店に行って、おもしろそうな、読めそうな本を選ぶことができるようになります。

山登りで言えば、「単独行」できるようになります。

The road goes on. まだまだ先がある

そして、単独行できるようになったころには、なんと「聞く」こともかなりできるようになっているはずです。あとで実例を紹介しますが、和訳しなくても内容を理解できるようになり、英文を出てくる順に理解できるようになると、聴解力も知らないうちについてきます。これも目安ですが、第5講あたりの本を1分間に150語くらいの速さで読めるようになれば、日常の音声英語を聞いて理解できる道が開けてきます。

この本ではまず fluent reader をめざしますが、最終的な目標はもちろん「読む、聞く、話す、書く」すべてです。ペーパーバックという頂上に立つと、また先に未踏の峰が見えてきます。

第5講からは、耳からはいる英語をあとを追いかけて繰り返す方法も書きます（このやり方はシャドーイング〈shadowing〉といわれています）。そうすることで耳だけでなく口も英語の音に慣れてきます。最終講では映画やインターネットを使う方法も提案しましょう。

目から、耳から、大量の英語をそそぎこむうちに、体にたまった言葉の切れ端が口から出るようになります。自分で言った英語に、「あれ、こんな表現を知ってたのか」と自分でおどろくことがあるはずです。

書くことも！

そして、だいぶ先のことになりますが、書くことも見当に入れてあります。まずは十分体にたまった文をまねして書くことをすすめますが、そこではじめて「文法」

を取り入れます。

書くときは一般的な慣習（これを文法と読んでおきます）に従わないと、ひどいときは言いたいことが伝わらなくなります。直接話をするときは、表情やしぐさを使ったり、声の大きさや抑揚を変えたり、言い直したりすることができますが、書くときはそうした迂回路がほとんど使えません。その意味で「文法」の習得も考えることにしましょう。

しゅっぱあーつ！

さてこれで、いまあなたのいる地点がはっきりしました。そしてめざす頂上とその先もあきらかになりました。次の講から、いよいよ頂上をめざして旅立ちです。

第1講　足慣らし
――辞書を捨てて、はじめのいーっぽ！

ピンクレベル

さあ、いよいよ山登りに出発です。身軽になれたでしょうか？　辞書は置いてきましたか？　文法書は捨てましたか？　頭のなかはまっさらになっていますか？「注文の多い料理店」のようですが、すべての荷物を全部いっぺんに捨てるのは無理なので、登る途中で少しずつ捨てていくことにしましょう。登っていけばいくほど重い荷物は邪魔になります。

登山ルートの確認

出発前にルートの確認をしておきましょう。「めざせ100万語！」のレベル分けを簡単に説明しておきます。基本は虹の七色です。つまり赤、橙、黄、緑、青と進んでいきます。いまのところ藍と紫はありません。藍と紫には高度な娯楽読み物や専門書が入ることになると思いますが、まだそこまで行った人は少ないので、青レベルと一緒にして簡単に説明しています。

逆に山の麓からいよいよ上り坂になるあたりは、こまかくレベル分けする必要があります。そこで、赤の前にピンクレベルをもうけました。くわえて赤レベルは初級と上級に分かれています。これで麓から登山口くらいまではほとんど坂と感じられないほどなだらかになったはずです。

レベルを色分けしたのは、ぼくの授業で使う本にラベルを貼ってあるからです。受講生が一目で選べるように、また読み終わった本を棚にもどすときにすぐ場所がわかるように工夫したわけです。

さて、最初の本はピンクレベル。なんという簡単な本でしょうか。

たしかにピンクレベルのやさしいものは1ページに一つの文章だけ、それも数語しかありません。たとえばこんなシリーズがあります。

英語国の子ども向け絵本

＊Early STEP into Reading シリーズ
Random House 社
＊STEP into Reading シリーズ、Step 1
Random House 社
＊Puffin Easy-to-Read シリーズ、Level 1
Longman Penguin 社
＊I Can Read Books シリーズ、Level 1
Harper Trophy 社

この四つのシリーズは英語を母語として育った子ども

が、ひとりで本を読めるようになるためのシリーズです。したがって、ほとんど絵ばかりで、英文はページのごく一部にちょっとだけしか見あたりません。

graded readers

一方、英語を母語としない外国人向けに書かれた graded readers もあります。

graded readers というのは、第2講でもうすこしくわしく紹介しますが、段階別読本とでも言いましょうか、英語のもっとも基本的な語を使い、文法構造も簡単にして書かれたものです。いちばんやさしいレベルでは基本の100語を使った16ページくらいのものから、いちばん上のレベルでは3800語を駆使した100ページを越えるものまで、各社のシリーズをあわせると20段階くらいに分かれています。

ピンクレベルには次のようなシリーズがあります。

＊Penguin Young Readers シリーズ、
Level 1（300語）、Penguin Longman 社
＊Oxford Classic Tales シリーズ、
Beginner Level（100語）、Beginner Level（150語）、
Oxford University Press 社

最初にあげた Penguin Young Readers は300語ですが、絵が大きく、学生には読みやすいようなので、ピンクレベルにしています。二つ目の Oxford Classic Tales シリーズは、よく知られた *The Enormous Turnip*（「大きなカブ」）や *The Shoemaker and the Elves*（「小さな靴屋さん」）などの昔話が多く、読みやすいと評判です。

どれも、基本的に絵本で、みなさんの知らない語はほとんど出てきません。そのかわり、英語でもっとも基本的な語が何度も何度もくりかえし使われています。

文法も初歩的で、たとえば時制では現在形しか使われていませんから、力のある人（学校英語とはいえ、かなり英語に触れてきた人）は、「なあんだ、こんなやさしいのか」とばかにされたような気がするかもしれません。

これではやさしすぎる！ という人へ

上にあげた本は、どれも「幼児向け」かと思うほど、簡単そうに見えます。おそらくほとんどの人が、やさしすぎる！ と抗議したくなるかもしれません。けれども

英語の成績はよかったが、まだペーパーバックを日常的に読んだことはない、という人は、だれでもピンクレベルから読みはじめるべきです。このレベルからはじめる利点はかずかずあります。

発見がある

まず、絵と一緒に英語を読んでいくと意外な発見があります。たとえば「これでぴったり！」というとき、その気持ちを英語ではどう言ったらいいのか？　日常生活ではいくらでも使う機会のありそうな言い回しです。それをわたしたち日本の大人は知っているでしょうか？

この写真はピンクレベルの絵本 *Big Bear, Small Bear* で、クマの子どもがお父さんと水泳に行く話です。水着を着る場面で、左のページでは父さんがきつきつの水着を着ようとして、Too tight! 一言だけ。右のページでは子グマがだぶだぶの水着を着て、Too loose! だけ。そして次のページを見ると、水着を交換して Just right! と書いてあります。「これでぴったり！　よーし！　決まった！　これ、これ！」そういう意味だということは絵と雰囲気でわかります。

こんなに簡単に言えるのか！

ピンクレベルのやさしい英語の本を見て、「はあ、こんなに簡単に言えるのか」とおどろく人なら、相当な力がすでにあるはずですが、Just right！のほかにもいろいろ発見することがあると思います。「へえー！」とおどろくたびに、あなたの英語は豊かになっていきます。

たとえば、別のピンクレベルの本にはテレビのリモコンが出てきます。それを見て、子どもが「緑のボタンがある」と言います。これは原文では The box has a green button. となっています。

さて、わたしたちはこんな風に言えるでしょうか？ピンクがやさしすぎるという人なら、There's a green button. と言えるかもしれません。でも the box を主語にして、has a button とは、なかなか言えないのではありませんか？

こういう言い方もできるのか！ と思ったとたん、また一つ英語の生きた姿が見えてくるのです（それに「リモコン」を box と呼ぶのも意外でしょう？ box と「箱」にはずいぶんちがう点があるのです）。

わかるもわからないも、辞書にない言葉がある!?

それに、英語で育った子ども向けの絵本にはずいぶんむずかしい単語が出てきます。*Too Many Dogs*（Early STEP into Reading シリーズ、Random House）という本は、要するにさまざまな容姿の犬が各ページに数頭ずつ出てくる絵本です。1ページに数語の形容詞しか出てきませんが、floppy、sloppy、waggy、shaggy なんていう言葉を知っていますか？　意味は絵をよく見るとわかることもありますが、中にはすぐにはわからないものもあります。waggy なんていう言葉は辞書にも載っていない！

けれども気にしないでください。ピンクレベルからいきなり**「わからないところは飛ばす」**練習をしているのだと観念すればよいのです。知らない語があるのは、わからないところを無視して**流れるように**（fluent に）読む練習にはもってこいです。

かたまり読みの練習

やさしすぎるくらいの本を読むもう一つの利点は、「かたまり読み」の練習ができることです。

かたまり読みは大事なことなので次の講でくわしく説明しますが、ピンクレベルを読む段階では、「手を止めずに読むこと」と考えてください。ほんの数語しか印刷されていないので、ページを開いたところで手をとめずに、すぐ次のページをめくりながらパッと内容を読みとってください。そうすれば考えている時間がないのでわからない単語は飛ばすしかないし、数語をまとめて読まざるをえなくなります。

音のおもしろさ

もう一つ、英語の得意な人に気づいてほしいことがあります。どこの国でも絵本は、言葉遊びがいっぱいです。というより、**リズムのおもしろさ、音のじゃれあいだけ**が目的で、筋も何もない本がたくさんあります。さきほどの sloppy も waggy もそれぞれ floppy や shaggy とリズムや音を合わせるために使った言葉です。「ずいずい、ずっころばし、ごまみそずい」なんていうはやし言葉が、なんの意味もないのにすぐ頭に残るようなものですね。そういえばさきほどの親子グマの名前は Berenstain Bears ですが、これだって、語頭をbの音でそろえた「頭韻」という言葉遊びです。

リズムや韻はぼくたちにとっては非常にわかりにくいものですから、声に出して読めば、詩に近づくためのすばらしい入門書になるかもしれません。

「お勉強」は禁止！

ただし、「お勉強」はしないでください。韻を押した語同士を単語帳に書き出すとか、知らない単語は辞書を引くとか、「使える！」と思った文を抜き書きして覚えるなどは、全面禁止。シャワーを浴びるようにさっと、贅沢に読み流してしまいましょう。本当に大事な語や文は、かならずまたどこかで目にすることになります。何回か見るうちに、いつしか体の中にしみこんで、知らず知らずに血や肉となって活躍してくれるはずです。

言葉の意味や使い方は、英和辞典でわかるものではありません。英和辞典で「意味がわかる」というのは迷信にすぎません（くわしくは『どうして英語が使えない？』を読んでください）。本当はほんの少しずつ体にしみこんでいくのが理想です。「静かに積もっていく」のを待っていると、語や文章構造がゆっくりと消化吸収され、血や肉となります。

その意味で、ピンクレベルの本は、絵や話の筋と照らし合わせることで、知っているつもりの単語を見直すよいきっかけになると思います。

ピンクレベルがぴったりという人へ
──辞書を捨てれば心も身軽！

ピンクレベルはやさしすぎるという人ばかりではないはずです。英語が苦手な人は、絵ばかりの本を見て、「これなら読めそうだ」とほっとするのではないでしょうか。「いちばんやさしいレベルなのに知らない語が結構あってくやしいけど、飛ばせって言うから、とにかく読んでみようか」と気楽に取り組めるはずです。

大学の授業でも、社会人向けの講座でも、何割かの英語嫌いの人たちが、ピンクレベルの本を見て「これならやれそうだ」という感想をもらします。それを聞くとほっとします。英語を学習することが心底いやだという人が、そうやってこっちを向いてくれるのはうれしいことです。

英語嫌いになったのは辞書を引けと強要されたからだと告白する人がいます。無理もありません。先生は「わからない単語はすべて調べてこい！」と命令します。ところが、正直に辞書を引いていると、英文を読んでいる時間より辞書とにらめっこをしている時間の方が長くなります。それで、英文の意味がわかればまだしも、どうもそうではないようです。

英和辞典の無限ループ

おかしなことに、語の理解を助けてくれるはずの英和辞典が、学習者にとってはそもそも複雑な、理解しにくい代物です。一般的な生徒と英語の予習の関係はプログラミングでいう無限ループのようなものです。

1 目的の単語がなかなか見つからない
2 見つかってもどこを読めばいいかわからない
(中学で引くような単語ほどたくさんの事項が載っている)
3 だから、いちばんはじめに書いてある太字の訳語を当てはめることにする
4 日本語にはなったが、なんのことやらわからない
5 先生は怒って「もっと辞書をよく引いてこい」と言う
6 1へ戻る

1から6のループを繰り返すうちに、遅かれ早かれ英語そのものが嫌いになって、頭のスイッチを切ってしまうことになります。

だれが入門期のそういう学習者を責められるでしょう？　辞書を引くことは拷問に等しいと思います。

なかには文法語法マニアが編集したらしく、こまかい情報を所狭しと詰めこんだために、紙面が汚なくなっている辞書もあります。大事な情報があるかどうかさえさだかではないけれど、たとえあったとしてもわざわざゴミの山に隠してあるようなもので、探す気にならない

……。

もっとも、使いにくさはどの英和辞典にも言えることです。「使いやすさ」をめざしたと称する学習辞典もあります。けれども成功したものは一つもありません。成功するわけはないのです。読書しながら辞書を引くということ自体が不自然なのですから。

英語の先生は引きます。国語学者や作家は、国語辞典や百科事典や漢和辞典を引くでしょう。けれどもそれは言葉をなりわいとしているからです。大工さんでもない人が、毎日のこぎりの目立てをするでしょうか？　言葉を使ってただ何かをしたいと思っている人に、言葉の専門家とおなじ作業をやらせようというのは、どだい無理な話です。

英和辞典は英語嫌いを作る

そう考えてくると、英和辞典というのは英語を嫌いにさせるためにあるのじゃないか？ と思えてきます。中学生や高校生がアンチョコに走り、大学生が訳本に走るのは理の当然というものです。

英語の先生はそういう英和辞典を無理やり引かせようとします。常識として「**苦行（辞書）を経なければ悟り（理解）は得られない**」ことになっているようで、世の中には学習者向けに辞書の使い方を指南する本さえあります。だれでも持っている辞書なのに、その使い方を説明した本がある！　そんな本が存在すること自体、辞書を引くことの不自然さを表しているのではないでしょうか？

英和辞典を使わない「めざせ100万語！」の行き方は、要するにコロンブスの卵みたいなものです。辞書を引く行き方とは逆方向の、あまりに「自然な」解決だったので、気がつく人がいなかったのです。講が進むにしたがって、辞書を引かない読み方がどれほどまっとうか、わかってもらえると思います。いまはとにかく辞書と縁が切れるのだと喜んでください。

それでも辞書を愛する人へ

とはいえ、辞書を引かずにいるとどうしても不安になる人もいることでしょう。その不安を解消するにはもう少し説明が必要だと思います。第13講で、**安心して辞書を捨てられる**ような話をしましょう。

また「わたしが曲がりなりにも英語を読めるようになったのは、英和辞典のおかげだ。それに英和辞典には役に立つ情報がいっぱい詰まっている」と、辞書に感謝している人もいます。ごく一部に、ほかの人には拷問に等しい辞書引きを嬉々としてやってのけ、さらにまれな場合には辞書を愛してしまう人さえいます。病膏肓に入った極端な場合は辞書作りをはじめます。

挿入節や同格、後置修飾、分詞構文——どこから訳していいのかわからないような複雑な英文を、辞書を片手に少しずつ理解していくのは、たしかに一種の謎解きみたいなものです。ぼくも以前はそうして辞書を頼りに嬉々として謎解きをした時期がありました。最後にすべて判明した（つもりになった）ときの達成感はよくわかります。辞書を愛してしまう心情も経験があります。

けれども本当に辞書は役立つのでしょうか？　ぼくは教室で、よく「辞書と文法でわかったつもりになっても、本当にわかったことにはならない」と言います。わかるときは文を読んだ瞬間にわかるもので、読んだあとで考えこんで、やっとわかったつもりになっても、そういう理解はリズムと自然さに欠けます。

そうやって「わかったつもり」を積み重ねた英語の知識は、ひどく底が浅く、しかも往々にしてまちがっています。辞書と文法を頼りに英語の専門家になった人たちは脆弱な知識しか持っていません。たとえば the や and についてさえ、理解が不十分です。第16講でそのことを書きましょう。

英英辞典もだめ？

英和辞典はだめだとしても、英英辞典はどうなんだろう？　という疑問が浮かんでくると思います。英英辞典の方がはるかにましですが、いずれにせよ、辞書を使うことは学習者向きとはいえません。やはり専門家向けです。だから100万語をめざしているあいだは、英英辞典も使わない方がいいと思います。

とはいえ、英英辞典はおいおい使っていいことにします。その時期は人によってちがいます。第14講で書きましょう。いまは英和辞典はもちろんのこと、英英辞典も使わないことにして、本は辞書を引かずに読むものだという癖をつけることにします。

類推もだめ？

最後に「辞書を引いてはいけないなら、わからない語は類推しよう」と考える人もいるかもしれませんが、それもあまり感心しません。類推はたしかに読書の大切な一部分ですが、ぼく自身を振り返ってみると、類推できるときには瞬時に類推しています。瞬時に類推できないときは、たいていひどく時間がかかります。その上自信が持てません。したがって、100万語読み終わるまでは、類推もせずに「飛ばす」ことをすすめます。

なお、ハワイ大学で「外国語としての英語」を教えているリチャード・R・デイさんは「文脈から類推することはなまやさしいことではないので、中級以上の人にしかすすめない」と言っています（原文は資料編の中のホームページにあります)。

シャベルを持って登山？

山登りのたとえで言えば、わたしたちが目指している頂（100万語）へ続く道はでこぼこ道なのです。平坦な部分もあるけれど、たいていは穴ぼこや木の根が足をすくおうと待ちかまえています。

さて、１冊の本を読みながら、わからない語にぶつかったとすると、それはいわば登山道にあいた穴ぼこや木の根のようなものです。わからない語をいちいち辞書を引いて調べるのは、穴ぼこの一つ一つをシャベルで埋め、木の根を一本一本掘り返すようなもの（辞書や類推がシャベルですね)。埋めて平らになったところで先へすすむのでしょうが、そんなことをやっていて遠くまで行けるものでしょうか？
　行けません。そういうやり方でペーパーバックを読みはじめて、すぐに挫折した人はたくさんいます。その轍を踏まないためには？

穴ぼこは飛んでしまえばいい！
木の根も飛んでしまえばいい！

問題は「英語」ではない

　穴ぼこを飛び越え、木の根も飛び越えることをおぼえた人は遠くまで行けます。半分しかわからないと言いながら何十冊も読んだ人がいます。その人は洋書を読むことを楽しんでいます。読んでおもしろかったところを、さも楽しそうに語ってくれます。最近読んだ本は映画「ブリジット・ジョーンズの日記」の原作（*Bridget Jones's Diary*）でしたが、この人の感想を聞いた人が「おもしろそうだからその本、貸して」と言いました。半分しかわからなくても十分楽しんでいると言っていいのではないでしょうか？
　半分しかわからなくても、楽しければ次々と読みます。この人も、いつか『ブリジット・ジョーンズの日記』をもう一度読んで、「大体わかった」と言えるようになるでしょう。わからない語もいっぱいあった、文法的にどうなっているか説明しろと言われたらできない、けれども内容を楽しみ、そのおもしろさを人に伝えられる……これは穴ぼこや木の根を飛んだからこそ味わえることなのです。

何冊読めばいい？

「飛ばす」ことは納得したとしましょう。でも、こんなやさしい本をいったい何冊読めばいいのか？

一応の目安は「何も考えずにさっと読めるまで」です。そこまで行くのに、平均的な人で10冊くらいでしょうか。100万語を読破した人のうち、それぞれのレベルで読んだ本の冊数を報告してくれた人がいます。その中から4人の報告を引用しておきます（いずれも SSS のホームページ www.seg.co.jp/sss/ から。ちなみに SSS とは酒井（Sakai）、SEG（Scientific Education Group）および訳読なしで多数の外国語を学んだという、トロイを発掘したあの Schliemann の頭文字に由来しています）。

Aさん	赤レベル	6冊
	橙レベル	18冊
	黄色レベル	31冊
	緑レベル	9冊
	青レベル	11冊
	青レベル以上	5冊
Bさん	赤レベル	9冊
	橙レベル	12冊
	黄色レベル	19冊
	緑レベル	17冊
	青レベル以上	13冊
	ロアルド・ダールの作品	3冊

シドニー・シェルダンの作品　2冊

Cさん　ピンクレベル　10冊
赤レベル　3冊
橙レベル　0冊
黄色レベル　14冊
緑レベル　12冊
青レベル以上　16冊
講談社英語文庫　20冊

Dさん　ピンクレベル　12冊
赤レベル　19冊
"Curious George"　13冊
(「おさるのジョージ」シリーズ)
橙レベル　26冊
黄色レベル　15冊
緑レベル　1冊
ロアルド・ダールの作品　20冊
児童文学　4冊

100万語への道は人によってずいぶん違うことがわかります。Aさんは graded readers（次の講で説明します）だけで100万語、Bさんは児童文学や大人向けのペーパーバックをまぜ、Cさんは講談社英語文庫を読んでいます。Dさんは「おさるのジョージ」シリーズが気に入ったらしく13冊も読んでいます。

大学の授業でもさまざまな人がいます。「いままで英語はほんとにだめだった」といって、ピンクだけで何十冊も読む人がいて、ぼくはそれはそれでいいと思います。

ピンクレベル紹介の最後として、100万語を読んだある社会人の感想を引用します。

〔多読は〕私は好きです。特にオックスフォードが楽しくて好きです。いままで読んだことのあるようなものでも、なぜか読んでいて楽しいのです。ピンクレベルですでに、あれ、本当にこんなに本読むの好きだったっけ、と思うくらいです。しかも二度読んでも楽しいのです。不思議です。日本語では好きで読んだといえば哲学書だけで、小説は嫌いでした。

「めざせ100万語！」の標語

楽しい読書はピンクレベルでも可能です。楽しみながら山道を登っていけるように、「めざせ100万語！」のいちばん大事な標語を紹介しておきましょう。くわしくはおいおい説明します。いちばん大事なことは二つしかありません。

・わからないところは飛ばす。
・話がわからなくなったらすぐやめて次の本に移る。

そして第１点を実行するために、次の３点を守ってください。

・辞書を引かない

・文法を考えない
・和訳しない

もしすべてをすぐに実行できれば、たいして時間がかからずにペーパーバックを読めるようになります。実際何人かそういう人がいるので、次の講で紹介します。

第2講　登山口へ
──和訳しない：逐語読みからかたまり読みへ

赤レベル　初級

赤レベルは二つに分かれます。第２講では250語くらいまでを使って書いてある赤レベルの初級を読みます。300語を越えて600語未満の本は第３講で紹介します。

山歩きにたとえればまだまだ足慣らし。麓の畑のあいだを散歩していると思ってください。いままでの授業の経験では、平均的な人で、10冊から20冊くらいの「足慣らし」が必要です。

まだやさしすぎるという人

赤レベルの初級でもまだまだやさしすぎて、ほとんど何も考えずにさっと読めるという人は、単語を一つ一つ追うのではなく、いくつかの語を「かたまり」で読むことに慣れてください。そういう読み方ができるまで10冊をこえて読むのもとてもいいことだと思います。

けれども、「すごい速さで訳している」人は、ぜひ訳さずに読めるまで、何冊でも読んでください。どうしても訳してしまうという人は、次のリストにある、英語で育った子ども向けの本を読みながら、辞書を引かないことに慣れてください。

＊STEP into Reading シリーズ、Step 2
Random House 社
＊Puffin Easy-to-Read シリーズ、Level 2
Penguin Longman 社
＊I Can Read Books シリーズ、Level 2
Harper Trophy 社
特に、*Frog and Toad Together*（ふたりはいっしょ）、*Frog and Toad Are Friends*（ふたりはともだち）など

ピンクレベルのときとおなじように、学校英語では出てこないけれど英語国の日常生活ではよく出てくるむずかしい語（たとえば物を修理するときの fix）や、言葉遊びのために工夫をこらした変な語（たとえば頭韻を使った Boogle Bay）が出てきます。

だからこそ、こういう本はつい訳してしまう人にとって良薬になります。苦いけれども辞書を引かずに丸呑みしてください。そうやって少しずつ「100%の理解」からはなれていきましょう。

「ガマくんとカエルくん」

上のシリーズの中では、なんといってもアーノルド・ローベル（Arnold Lobel）の本をすすめます。“Frog and Toad” の話は「ガマくんとカエルくん」として日本の国語の教科書にも載っているので、読んだ人は多い

と思います。小学校の2年生くらいの教科書です。英語版も英語国の小学校1年生から3年生向けと書いてあるので、赤の初級が英語だということを意識せずに読めるようになれば、あなたも小学校低学年の読書力があるといっていいでしょう。

けれども "Frog and Toad" シリーズはすばらしい本です。たとえば *Frog and Toad All Year* の中の "Schedule" というお話は、ガマくんが毎日の予定表を作る話で、その予定がなんともいえずすばらしいのです。ちょっとのぞいてみましょう。

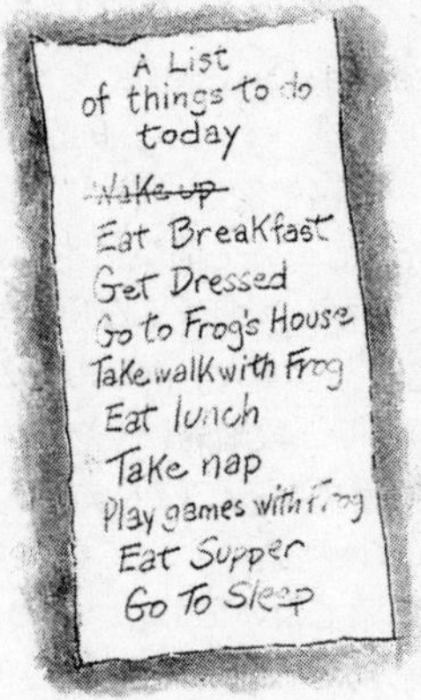
A List
of things to do
today
Wake up
Eat Breakfast
Get Dressed
Go to Frog's House
Take walk with Frog
Eat lunch
Take nap
Play games with Frog
Eat Supper
Go To Sleep

こんな風に、朝起きて「起きる」にチェックを入れ、朝ごはんを食べて「朝ごはんを食べる」にチェックを入れる……なんという暮らしでしょうか。

この本の最後はこんな風にのんびりと結ばれています。

Then Frog and Toad
ate a big breakfast.
And after that
they spent a fine, long day together.

次は英語が外国語である人向けの graded readers です。代表的な、手に入りやすいものだけをあげます。

* Oxford Bookworms Starters シリーズ（250語）
Oxford University Press 社
* Penguin Readers Easystarts シリーズ（200語）
Penguin Longman 社

graded readers について簡単に説明しましょう。これはおもにイギリスのさまざまな出版社が出している「外国語として英語を学ぶ人」向けの読み物です。

graded の名の通り「段階的に」、文の構造もその中で使われる言葉も高度になっていきます。たとえばこの赤レベルの初級の本は物語のすべてをいちばん基本的な200語あるいは250語で書いてあり、文の長さが短く、構造も簡単です。動詞の形を例に取ると、Oxford Bookworms Starters では現在形と現在進行形しか出てきません。未来は be going to だけで表しています。また助動詞では can/cannot と must だけしか使われていません。

赤レベルの上級に入っている Oxford Bookworms Stage 1 は使用語数が400語にふえ、過去形がくわわります。さらに Stage 2 は使用語数700語、それに現在完了や形容詞の比較、さらに時間をあらわす節などが入ってきます。出版社ごとに各レベルの使用語数と文法項目に違いがありますが、基本的にはこうしてやさしいレベルから少しずつ積み上げて上のレベルができあがっています。

200語以上の各社の段階を使用語数で並べると次のようになります。

語数	シリーズ名	レベル名
200	Penguin Readers	EasyStarts
250	Oxford Bookworms	Starters
300	Heinemann Guided Readers	STARTER
300	Penguin Readers	Level 1
400	Cambridge English Readers	Level 1
400	Oxford Bookworms	Stage 1
600	Heinemann Guided Readers	Beginner
600	Penguin Readers	Level 2
700	Oxford Bookworms	Stage 2
800	Cambridge English Readers	Level 2
1000	Oxford Bookworms	Stage 3

1100	Heinemann Guided Readers	Elementary
1200	Penguin Readers	Level 3
1300	Cambridge English Readers	Level 3
1400	Oxford Bookworms	Stage 4
1600	Heinemann Guided Readers	Intermediate
1700	Penguin Readers	Level 4
1800	Oxford Bookworms	Stage 5
1900	Cambridge English Readers	Level 4
2200	Heinemann Guided Readers	UPPER
2300	Penguin Readers	Level 5
2500	Oxford Bookworms	Stage 6
2800	Cambridge English Readers	Level 5
3000	Penguin Readers	Level 6
3800	Cambridge English Readers	Level 6

(Heinemannのシリーズについては原稿執筆時には日本では手に入りにくいので、この本では紹介していません。実に残念なことです。一日も早く日本で入手できるようになってほしいと思います。)

また活字の混み具合はこんな風になっています。

各段階のくわしい内容については巻末の資料編に載せたホームページを見ていただくとして、こんな風に使用語数も文法構造も少しずつ上がっていくので、各社の graded readers シリーズを「渡り歩く」と、かなりゆっくりした坂を登っていくことがわかります。

特に入門レベルでは50語刻み、100語刻みでレベルを上げていけるので、息切れしなくてすみます。これが graded readers のいちばんよいところです。しかもはじめのうちは絵も多く、英語を読んでいるのか、絵で理解しているのか、ちがいが判然としません。それも子どもが母語を獲得していく過程をなぞっているとも言えます。

絵本から挿し絵入りへ

とはいえ、子どもが母語を獲得するのとおなじ時間を初級にかけるわけにはいきません。それに大人には大人の知恵と経験があるはず……だとしましょう。すくなくとも経験はあります。そこでそれを活用することにして、絵本を卒業しましょう。

ピンクレベルの本はいかにも「子ども向けの絵本」という印象でしたが、赤レベルになると、初級でもかすかにペーパーバックの雰囲気があります。見かけは絵本というより挿し絵入りという体裁です。といっても英文はせいぜいページ全体の半分以下ですが、見た目には「おおっ、ちょっと英語の学習らしくなってきたぞ」と思えます。

英文が多くなってきた赤レベルのテキストは、英語が得意な人にとっても英文和訳をせずに理解するには絶好の材料です（なお、赤レベルの初級から上は SSS のホームページ www.seg.co.jp/sss/ に書評つきでくわしいリストが載っています。ぜひ参考にしてください)。

では、どういうふうに読んでいくか？

前から順に理解する

さあ、活字が少し小さめになって、一つ一つの文が長くなってきました。つい英文和訳したくなるかもしれません。Penguin の EasyStarts でも2行にわたる文があって、たとえば次のような文が出てきます。

There is a horse show near Brighton and the Queen is going to be there at 11 o'clock.

「やさしすぎる」という人も、「うっ、長い！」という人もどちらも次のように理解していってください。原理は一つ！　長く見える文も、短い「意味のかたまり」の連続です。この原理は、ピンクや赤のレベルはやさしすぎるという人にとっては、和訳せずに内容をつかむ助けになります。そしてむずかしいと思う人にとっては「なんだ、ちっとも長くないぞ」と安心させてくれます。

意味のかたまり

上の文をもう一度見ましょう。まず There is a horse show で馬のショーがあるのだとわかります。当然、いつかあるいはどこか、という情報が必要です。それが near Brighton でわかって、一段落。もう何も出てこなくても不足はありませんが、ここで終わらずに and と続いています。はて何がはじまるのかなと見ると、the Queen is going to be there で、そのショーには女王が臨席されることがわかる。まあこれだけでも情報としてはほぼ必要にして十分ですが、やはり時間のことは知りたい。それで at 11 o'clock と締めくくられるわけです。

こうしてみると、ピンクレベルのほんの 5 語か 6 語でできていた文と、読み方としては変わらないことがわかるのではありませんか？　文の最後からはじめに向かって「訳し上げ」たりすると、たしかに長い文ほど「帰り道」が長くなって息切れしますが、文の頭から順に理解していけば、長いからといってむずかしいわけではないのです。

もちろんこれからレベルが上がっていくと、もう少し複雑な文が出てきますが、たいしたことはありません。ピンクや赤と根本的にちがう「読み方」などいらないのです。

人間の情報処理能力などたかが知れたもののようで、処理できる意味のかたまりはだいたい同じ長さで、受験参考書に出てくるような複雑な構造分析はまったく必要ないのです。あれは返り読みの英文和訳をするために必要なだけであって、英語で読書を楽しむため、あるいは英語で書かれた内容をつかむためには、無用です。

複雑に見える文をいかに簡単に読むか——その実演は第15講まで待ってください。ここでは、文が長いように見えても、順番に理解していけば決して長くないという原理だけ覚えておいてください。

まだペーパーバックを読めない人ならどんなに英語の力があってもピンクレベルからはじめるべきだと第1講に書きました。その理由は「発見がある」、「言葉遊びがおもしろい」という2点でした。

この講で話題にしている「文を意味のかたまりごとに理解していく」ことは、上の2点にもまして大事な第3点目です。

fluent reader になるために

英語で本を読むのは「英語の勉強」のためではありま

せん。趣味の読書であれ、仕事や研究であれ、内容をつかむために読みます。そのためには「快適な速さ」で読むことが必要です。

ある程度英語を勉強した人なら、ピンクや赤レベルでは、単語も文の構造もほとんど知らないものはないかもしれません。あなたが英語の先生なら、「発見」も少ないかもしれません。けれどもいままでたぶん学ぶことのなかった**「快適な速さで読む」**体験はできます。それができる人のことを fluent reader と呼ぶことにします。fluent reader は、読む速度を自動的に切り替えることができます。車のオートマチック・ギアのように、急なむずかしい道路ではギアを落としてじっくり進み、平坦な道ではギアを上げてすごいスピードを出します。それをすべて意識せずにできる人が fluent reader なのです。

これまでの英語の授業や学習では、読む速度は固定されていました。授業であれば、１週間に数ページです。そんなふうに度を過ぎた遅さでは、どんなにおもしろい本でもつまらなくなってしまいます。大学の英語の授業を思い出してください。それぞれの先生が自分の気に入った名作佳作を教材にしていたのだと思いますが、あれは、とても読書とはいえません。

正確に読むからわからなくなる

つまらなくなるだけではありません。ゆっくり読むからわからなくなるのです。これも「めざせ100万語！」が提案するパラドックスの一つで、「正確に読むから楽しくない」と言い換えることもできますが、くわしくは

「第15講 「語順の常識」を捨てる」で説明しましょう。

英文和訳や解釈ではなく、fluent reader をめざすなら、たとえ英語の先生でもピンクや赤のレベルからはじめるべきです。

かたまり読み——おどろくべき感想

ぼくが教えている電気通信大学の授業では、毎回B６判カードに読書記録を記入してもらいます。裏に数行の感想や近況報告を書く人もいて、あるとき夜間部の社会人学生Hさんがおどろくべき感想を寄せてきました。

Hさんは「めざせ100万語！」の授業をはじめてから半年たって、やっと赤レベルを卒業した、どちらかというと「ゆっくりペース」のグループにいます。

赤レベルを読みはじめて少したったころ書いてくれた感想によると、「はじめは一語一語拾って読んでいたけれども、最近は３語から５語くらいまとめて読みとれるようになった」そうです。

ぼくは授業中に「かたまりで理解するように」などということは一度も言ったことはありません。そもそも多読をはじめたばかりの人に「かたまり読み」ができるとは夢にも思っていませんでした。そんなことは何百万語も読んだあとで挑戦することと思っていたのです。

だからHさんの感想はまさに驚天動地、一瞬めまいがするほどの衝撃でした。

英語の先生は「かたまり読み」ができない

白状すると、ぼく自身いつも「かたまり読み」ができているわけではありません。たいていは一語一語拾うように英文を読んでいきます。そのときの読書速度は1分間200語くらいでしょう。

出藍の誉れといえば体裁はいいのですが、はっきり言えばHさんに抜かれてしまったわけで、ぼくはそれから自分でもかたまり読みに挑戦しました。その結果、スティーブン・キング（Stephen King）の小説なら1分間300語くらいで読めることがわかりました。

一応先生の面目は保てたように見えますが、そうでしょうか？

英語の先生はぼくにかぎらず、ほとんどみんな一語ずつ拾うようにして読んでいるのではないかと思います。言い訳に聞こえるかもしれませんが、理由はかならずしも「英語ができないから」だけではないでしょう。

英語の先生にとって、英文を読むことは仕事であり、研究です。たとえ娯楽のために読書しているときでも、一語ずつ目を光らせて、授業に使えないか、研究のヒントにならないか、辞書づくりに役立たないかと、欲深い読み方をしているのです。ぼく自身、どんなものでも英語の本を読むときにラインマーカーを手にしていないことはまずありません。

もちろん仕事や研究に関係ないところは「飛ばし読み」をしますが、Hさんが獲得したような自然な「かたまり読み」ではありません。fluent reader と「飯の種」の一石二鳥を狙って、「腹に一物、背に荷物」のいじましい読み方です。

ぼくもピンクレベルから……

ぼくもふくめて英語の先生が、「やればできるさ」とばかりにかたまり読みをするのと、Hさんが「3語から5語くらい」読みとれるようになったのとでは、まったくちがいます。

ぼくは意識してかたまり読みをしようとします。Hさんは「かたまり読み」などという言葉も知らずに、ピンクレベルから赤レベルまで何十冊も読むうちに、自然に数語ずつまとめて目にはいるようになったのです。

同じような感想はYくん（1年生）ももらしています。Yくんはセンター試験の英語の成績が200点満点中130点だそうですから、決して英語が得意な学生ではありません。ところが、はじめてから8カ月で、「目で追い読みができるようになった」という感想を書いてきました。「追い読み」というのはYくんが作った表現です。意味を聞いてみると、「目が一語一語で止まらずに、さあっと流すように」読めるのだそうです。Yくんは英語字幕の映画を見せたとき、「字幕が全部読めた。多読で読むのが早くなったせいだと思う」とも書いています（あとは英語の音と綴りが一致すれば字幕なしでわかるはず！）。

ぼくのかたまり読みには、意識せずにはできない不自然さがあります。HさんやYくんの感想以来、ぼくはひまができたらなんとかピンクレベルからやりなおして、ラインマーカーを持たない、本当の読書を楽しめるようになりたいと思っているのです。

すでにその道を進んでいる人たちがいます。SSS のホームページには graded readers の書評のページがあって、「めざせ100万語！」でペーパーバックが読めるようになった、いわば卒業生が作成しています。この人たちによると、書評ページのためにやさしいレベルの graded readers に戻ってたくさん読んでいるうちに、ペーパーバックを読む速さが増したそうです。「かたまり読み」では、ぼくはこの人たちにも負けてしまいそうなので、あせっています。

実例：いきなりうまく行った人たち

悩める英語の先生を後目《しりめ》に、「めざせ100万語！」の山道を恐ろしい勢いで登っていってしまった人たちを紹介しましょう。

最終的にペーパーバックを読めるようになった人が実際どのくらいいるのか？　読者としてはそれを知りたいことでしょう。毎月のようにペーパーバックを読める人が増えているので、正確な数字はあげにくいのですが、これまで3年間にざっと200人くらいの受講生のうち、この原稿を書いている時点でたぶん40人をこえる人がペーパーバックを読めるようになっていると思います。この数字はいまも毎週といっていいくらいに増え続けています。

その中でも信じられないほどうまくいってしまった例と、その理由を考えてみます。もしあなたがすぐまねできれば、きょうからペーパーバックを読めるようになることもありえます。

多読指導の第1号

「めざせ100万語！」でペーパーバックを読めるようになった第1号は、ぼくの甥でした。高校生のころから折に触れて graded readers を渡していましたが、指導らしい指導はまったくしませんでした。はじめて2年後にはペーパーバックを読みはじめ、「ハリー・ポッター」も繰り返し読んでいます。

この甥に graded readers を渡していたころは、まだ何の指導方針もなかったので、ただやさしいものから順に渡していただけでした。「わからないところは飛ばせ」といった標語さえなかったころです。

けれども甥は生来楽天的で、わからないところがあっても気にしないたちなのです。そして、辞書なんて面倒くさくて引いていられないという性格でもありました。そのいい加減さが大事だと気がついたのは、その後何人か同じような人がペーパーバックを読みはじめてからのことです。

中学2年生がシドニー・シェルダンを読んだ！

たとえば、ある中学生Sくんの場合です。ぼくの息子の友だちで、2年生から3年生になろうという春休みに、シドニー・シェルダン（Sidney Sheldon）の本を「わからないところは飛ばすんだよ」とだけ言ってわたしました。それからしばらくして、「あれ読んだ？」と聞いてみると、「読んだ」というのです。すぐに2冊目を読むように言ったところ、それもしばらくして読んでしまいました（その後は高校受験があると思ったので多読するようには言いませんでした)。

大学生だって中学生に負けていない……

また、電気通信大学の学生でやはりぼくをおどろかせた人がいます。このAくんは、はじめは例によってgraded readers や絵本を読んでいたのですが、すぐに子どもっぽすぎると文句を言い出しました。「こいつめ、生意気な！」と思いながら我慢させて、1カ月たったところで「じゃ、これを読んでみたら」とシドニー・シェルダンの分厚いペーパーバックを渡しました。

いきなり大人向けの400ページもある本では、いくらなんでも音をあげるだろうと思ったのですが、なんと次の週には読み終わって、「こんな大衆小説はいやだ」と言いました。まったく文句の多い学生です。ぼくは「がまんしろ、もう1冊読んでみろ」と言って、内心おどろきつつ2冊目のシドニー・シェルダンを渡しました。

Aくんはそれも1週間で読んできてしまったので、それからはケストナー (Erich Kästner) やフィリパ・ピアス (Philippa Pearce) による児童文学の傑作を選んで読ませました。そうして3カ月目くらいにジョージ・オーウェル (George Orwell) の *Animal Farm* (『動物農場』) を読ませたところ「やっといい本を読んだ」と言って、それから *Nineteen Eighty-Four* (『1984年』) や *Burmese Days* (『ビルマの日々』) など、オーウェルの本を何冊か読みました。最近はメディチ家に関する啓蒙的な歴史書を半分でやめ、それからなんとポール・デイビス (Paul Davies) という物理学者の書いた *The*

Mind of God という宇宙論を読み、さらに同じ人の *About Time*（『時間について』）という時間論を読みました。

また別のある人は、ぼくが書いた『どうして英語が使えない？』を読んで研究室に現れました。直接「めざせ100万語！」の指導は受けていないのですが、graded readers を少し読んだあと、研究室にあった本を勝手に持っていって読みはじめ、そのうちダレン・シャン（Darren Shan）の本（第11講の青レベルの講で紹介します）を読みはじめました。プロレスが好きで、プロレス関係のペーパーバックも読んでいます。この人も、細かいところにまどわされずに、大きくものをつかめる人だと思われます。

普通の人も！

最後に変わり種ではない人の例を紹介しておきます。

その人は電気通信大学で事務をやっているKさんです。大学で日本史を専攻した人ですが、英語は好きだったということです。この人は黄色レベルの graded readers から読みはじめて、半年後にはシドニー・シェルダンを読めるようになっていました。その後は「ハリー・ポッター」シリーズを３巻まで読み、４巻も買いましたが、５巻が出るまで読みはじめないそうです。そのほかにも映画「メッセージ・イン・ア・ボトル」の原作者ニコラス・スパークス（Nicholas Sparks）の小説を２冊読みました。

Kさんがシドニー・シェルダンを２冊読み終わったこ

ろに、こう聞いたことがあります。「あなたは半年前はペーパーバックを読んだことがなかったでしょ？　いまは読めるようになったわけだけど、半年前と今では何がちがうと思う？」答えは即座に返ってきました。「**わからないところを飛ばすコツを覚えたことですね**」。

「めざせ100万語！」のいちばん大事なスローガンが生まれた瞬間でした。

なお、いまはぼくの指導の仕方が少しよくなって、はじめから多読の素質があった人だけでなく、そうでない人もそれなりにペーパーバックを読めるようになっていることをつけくわえておきます。

教訓！

さて、だいぶ変わった人から少々変わった人まで、以上７人の共通点はなんでしょう？　それこそきょうからペーパーバックを読めるようになるための大きなヒントではないでしょうか。

一言で言えば７人とも、いい加減な読み方ができたということです。「辞書は引かず」、「わからないところを飛ばし」、「和訳しない」、そして「進まなくなったらただちにやめて次の本に手を出す」。そういう読み方のできた人たちなのです。

「**いい加減に読む！**」――これは本当の fluent reader になるために、ぼく自身が心がけなければならない大事な大事なスローガンです。

英語の先生から fluent reader へ

さて、あなたがぼくとおなじように、基本的に逐語読みしかしない英語の先生ならば、かたまり読みができるようになるにはどうしたいいか？　fluent reader に変身してペーパーバックを何気なく読めるようになるにはどうしたらいいか？

何度も言うように、ピンクのレベルからはじめることです。数万という語を知っていて、文法の説明もくわしくできる人間がなんで幼児の読むような本を読まなければならないのか！　その理由の大部分はすでに書きました。

生徒にも多読指導を！

いちばんの理由は「構えずに読める」ことです。何も気にしなくていい。授業も研究も忘れて、ただ絵と文字を追えばいいのです。ただ楽しみのために読んでいると、肩から力が抜けて心が開くはずです。「ガマくんとカエルくん」シリーズを、先生であることを忘れて読んでみてください。ガマくんとカエルくんのすっきりした暮らしぶりは、山奥の泉の水のように新鮮なはずです。

そうして堪能しているうちに、単純な言葉がどれほど豊かにものを伝えられるか、胸にすとんと落ちるのではないでしょうか。和英辞典を引かずとも、手持ちのやさしい言葉で英語が書けることを実感できるのではないでしょうか。

そこからは一本道です。どんどん読んでいって、ペーパーバックを生徒に紹介したり、graded readers をすすめられるようになります。これが、最後の利点です。

第3講　2合目
──途中でやめる

赤レベル　上級

赤レベルの上級は、300語から500語くらいの基本単語だけを使って書かれています。おおよそ中学2年生までにはお目にかかる単語ばかりですが、その表現力はたいしたものです。たとえば「スチュアート・リトル」という、ネズミ（？）が主人公の映画がありますが、そのセリフはすべてほぼこの500語で話されているのです。テキスト分析プログラムで調べると、(活用形をどう数えるかなど、正確にはもっとこまかい分析が必要ですが) セリフの総語数は8000語ほどで、そのうち約85％はもっとも基本的な500語で表現されています。

これはすごいことです。もし第4講で説明するシャドーイング（shadowing）がうまく成果をあげ、この赤レベルの上級の本（300語から500語）を1分間に150から200語くらいの速さで読めるようになれば、「スチュアート・リトル」のような子ども向けの映画を字幕なしで楽しめることになるのです。

もっとも上の二つの条件は、そんなにたやすく達成できるものではありません。とくに音と綴りを結びつけるにはちょっと時間がかかりますが、まあ、可能性としては……十分ある。たとえば第２講で紹介した「目で追い読みができるようになった」電気通信大学のＹくんは、もうその一歩手前まで来ています。

赤の上級といっても、まだまだずいぶんやさしく見えるかもしれません。けれどもこの基本語500語の可能性はほとんど無限に大きい（日常生活のあらゆる場面を切り抜けることができる！）のです。下にあげた本の中から、平均的な人で10冊は読んでください。もちろん、このレベルを１分間に150語以上の速さで読めるようになるまで何冊も読むのもいいでしょう。

＊STEP into Reading シリーズ、Level 2
Random House 社
＊I Can Read Book シリーズ、Level 2
Harper Trophy 社
＊“Curious George” シリーズ、Houghton Mifflin 社

この三つのシリーズは英語で育った子ども向けです。最初の二つのシリーズは小学校１年生から３年生が読む本で、基本的には絵本ですが、文字の量がすこし多くなりました。学校英語では決して出てこない「むずかしい」語もあります。木の根や穴ぼこを飛ぶように、さっと無視して先を読んでください。

「おさるのジョージ」

特に「おさるのジョージ」(“Curious George”) シリ

ーズは相当むずかしい文が使われているのですが、学生は大好きで、いつも棚にありません。たとえばこんな文があります。

熱気球大会の会場で、気球からロープがぶら下がっているのを見たジョージは、もうがまんできません。

Sometimes when a monkey sees something to climb, he can't help himself. He has to climb it.

George thought he would climb just one rope then quickly climb down.

最初の文の He can't help himself. はなかなかむずかしい表現ですが、すぐあとに He has to climb it. とあります。こういうつながりに何度か出会えば、help oneself の使い方がわかってくるはずです。また、2段落目は just の使い方がむずかしいでしょう。けれども then quickly が続いているので、少しわかりやすくなっています。これも何度か just...then quickly というような表現を目にするうちに、学校英語では出てこない「ちょっとだけやってみよう……そしてすぐやめよう」という意味合いがわかってきます。

＊Penguin Readers シリーズ、Beginner（300語）
Penguin Longman 社
＊Oxford Bookworms シリーズ、Stage 1（400語）
Oxford University Press 社
＊Oxford Bookworms Factfiles シリーズ、

Stage 1 (400語)、Oxford University Press 社
*Cambridge English Readers シリーズ、
Level 1 (400語)、Cambridge University Press 社

この四つのシリーズは graded readers で、英語を外国語として学ぶ人向けです。Oxford と Cambridge のシリーズは graded readers といっても挿し絵もすくなくなり、少々字の大きいペーパーバックといってもおかしくありません。特に Cambridge のシリーズは大人向けに書かれているので、ぜひ手に取ってみてください。

ノンフィクションもある!

Oxford Bookworms Factfiles シリーズはノンフィクションです。これもぜひ手に取ってみてください。このやさしいレベルでノンフィクションはこれだけと言ってもいいくらいなので、貴重なシリーズです。

受講生の中には、ピンクや赤のレベルに子どもっぽい本が多いと不満をもらす人がいます。無理もありません。もともと graded readers は年齢の低い学習者向けに書かれたものがほとんどです。それでどうしても絵本や昔話ということになってしまいます。

その点 Factfiles は風土記風なもの、タイタニック号沈没のような事件もの、スポーツや動物ものなど、「へえ、そうなのか!」という事実を知らせてくれます。かなりやさしい言葉を使ってあっても十分楽しめます。

たとえば *Ireland* という本には学生がこんな感想を書いています。

「超キレイ……でもスコティッシュ・イングリッシュがこんなに違うなら勉強してからでないと行けないな。」
「「ブレイブハート」のビデオ借りて見よう。」

こういう感想を書いた人たちは、英語を勉強しているとはとても思えません。興味をそそられる事実を読んで、楽しく知識を得ているのだという気がしませんか？　読んでいる言葉が英語だということは意識されていないようにさえ見えます。

和訳しない工夫

第2講で、和訳しないためにかたまり読みをしようと書きました。ピンクや赤の初級は和訳せずに一目で意味がわかったという人も、赤レベルの上級では和訳してしまうことがあるかもしれません。特にまじめに英語を勉強してきた人は、先ほどの引用に出てきた「おさるのジョージ」の would の使い方が気になって、考え始めることがあります。

大学の授業でも、学生が「さっとわからないところはつい和訳してしまう」という感想をよく書きます。そういうときは「わからないところは飛ばす」というスローガンを思い出して、先へ進んでしまうのがいちばんいいのですが、「それでは内容がわからなくなってしまう」という場合は絵を参考にしてください。ピンクレベルや赤レベルのいいところは絵がたくさん入っていることなのです。すぐには意味のわからない文にぶつかったら、考えこんだりせずにすぐ絵を見ます。「あ、だいたいこういうことかな」と納得できたら、それ以上くわしくは詮索せずに次の文に進みましょう（詮索が実りを生むようになるのは、まだまだはるか先のこと。数百万語読んでからのことだと思ってください。いまはあせらず、しかし貪欲に、ただ吸収することだけを考えましょう）。

頭のなかで音読！

ところが、赤レベルの上級になると、挿し絵が少ないので、絵で内容を読みとることができません。そこで、どうしても和訳してしまうという人が出てきます。そういう場合は、頭のなかで音読することをすすめます。一部の人ではうまくいったやりかたです。

もっともそのとき、学校英語式の「発音」ではよくないのですが、それは第５講で説明するシャドーイングで補うことにしましょう。いまは和訳しないことを優先して、便宜的に学校英語式の発音で我慢します。音を意識することで、和訳したい衝動を抑えてみてください。

音読にはもう一つよくないことがあります。頭のなかで音読するにせよ、一語一語読むことになり、「かたまり読み」ができません。また、声に出して読む速度を大きくこえることもできません。これは具合の悪いことですが、和訳しながら読む癖の方が大きな障害なので、いたしかたありません。しばらくは「頭のなかの音読」をやってみてください。

無声映画を見るように……

もう一つのやり方があります。何人かの受講生によれば、「無声映画を見るように」英文をそのまま映像にして読むと、一語ずつ訳さなくてすむし、頭のなかで音読しなくてすむということです。

この芸当ができる人はほかにも何人かいますが、ぼく自身はうらやましいと思うだけで、できていません。おそらく誰にでもできることではないのでしょうが、日本語の助けを借りずに英語を楽しめるすばらしい方法だろうと思います。

ストップウォッチ片手に

なお、赤レベルの上級からは、そろそろ読書速度を測りましょう。読書という行為もほかの行為と同じで、ずいぶん複雑な要素がからみあっているようです。したがって読書速度という一つの物差しではなにもわかりません。

とはいうものの、次のレベルに上がるかどうかを決めるにはなにか目安が必要です。そこでぼくの授業では、１分間150語から200語くらいの速さで読めるようになったら、次のレベルに移ることを視野に入れるように指導しています。

ピンクレベルと赤レベル初級の本は絵が多く、その上絵を見ているあいだに時間がたってしまうので、読書速度が測りにくいのですが、赤レベル上級になるとペーパーバック風の本が出てきて、総単語数も読書速度も測りやすくなるのです（それぞれの graded reader の総語数については、SSS のホームページに大体の数字が書いてあります)。ストップウォッチは安売り店で1000円くらいからあります。ぜひ用意されることをおすすめします。

ただしもう一度断っておきますが、分速何語という数字の裏にいろいろなことが隠れていることがあります。たとえば青レベルの本を分速200語以上で読めるというすばらしい人が、まだ頭のなかで一語一語音読しているという例がありました。また、この速さでも日本語に訳している人もいました。頭のなかの CPU が高速で計算処理をしているのでしょう。

逆にやさしいものを読んでも、相当むずかしい本を読んでも、速度が変わらない人がいます。この場合考えられることは二つだと思います。一つはすべて日本語に訳しているので、やさしい・むずかしいにかかわらず、和訳の時間で分速が決まっている場合。もう一つは読書を楽しんでいる場合です。あとの場合は、そのままのペースですすんでもらうのがいちばんだとぼくは判断しました。

いずれにせよ、分速は一つの目安にすぎないということを忘れないでください。ただ、人によっては励みにもなるし、そのレベルを読み慣れたかどうかの目安にもなりうる……よく考えて分速を参考にしてください。

赤レベルの壁

赤レベルの上級の中で、Oxford の Bookworms シリーズ Stage 1 (400語) と Cambridge の English Readers

シリーズは入門期の人にとって、一つの大きな壁になっています。

使われている語の種類は中学1年生から2年生レベルで、英文自体はむずかしくないのですが、いかんせん挿し絵が少なくなっています（平均して4ページに1ページ)。したがって、絵の助けを借りて細かい筋を追うことができないのです。かなり英文に親しんでいないと、手にとってみても、字の多さに負けて投げだしてしまいます。

けれども見かけほど読みにくいものではありません。つい最近も、電気通信大学の授業でこういうやりとりがありました。

FさんとSさんという学生が、4月からずっと多読の指導を受けているのに、8カ月経っても Bookworms の Stage 1 を読もうとしないのです。赤レベルの中でも初級の、絵の多い本ばかり選んでいます。ぼくが「そろそろこれを読んだら」と言ってすすめると、「えー、いやだー、字ばっかり……」と言って、読もうとしません。

FさんとSさんに無理やり Bookworms シリーズの Stage 1 の本を押しつけると、いやいや読みはじめましたが、授業中には終わらずに家に持って帰りました。そして次の週の授業では、おなじシリーズの別の本を読みはじめました。思ったより読みやすくておもしろかったのだそうです。いさぎよく「先生に負けた」と感想を言っていました。

そしてうれしいことに、そういうまだまだ「初歩を抜け出したばかり」の人たちが、インターネットの「**英語**

のホームページがこわくなくなった」と言っています。赤レベル上級までの本を読めるようになっただけでは、英語のホームページの内容が十分にわかるようになっているとは思えませんが、やさしい本を何十冊と読むうちに、英語に対するアレルギーがなくなったことは確かだと思われます。

途中でどんどんやめる

赤レベルでは、この標語に特に気を配ってください。これから先とても大事になる「途中でやめる技術」の練習をいまからはじめておきましょう。

根性はいらない！

読みたいと思って手にした英語の本なのに、途中でつらくなることはよくあります。そういうときにわたしたちは、たいてい「自分に根性がないからだ」と思いがちです。

そうではないのです。つらくなるのには十分な理由があるのです。一つは「おもしろくなかった」からでしょう。また「思ったよりむずかしかった」からかもしれません。

どちらにしろ正当な理由です。無理にその本にこだわっていると、何日も英文を読まない日が続いて、挙げ句の果ては英文を読むこと自体がいやになります。

「めざせ100万語！」の授業では、どんどん途中でやめることをすすめます。読みかけた本をなんとか読み終わろうとする人を授業中に見かけると、健気だとは思いますが、やはりよくないことなので、ときには綱引きのようにして本を奪いとってやめさせます。

読みかけの本を放り出すことは非常に困難なことです。やりかけたことを途中で放棄すると、自分の中の何かが壊れるような気さえします。そこで、途中でどんどんやめるにはなんらかの理由が必要です。

こんな風に考えてみてください。途中でやめることがその本との永遠の別れではありません。とりあえず本棚のよく見えるところに入れておいて、いつか読書力がついたとき、あるいは体調のよいとき、あるいは背景知識が備わったときに、また手を伸ばせばいいのです。

無理に読んでしまうとマイナスもあります。ぼくも昔はなんとか読み切った本がありました。その中でもよく覚えているのは、ある推理小説と、『エデンの東』の原書です。

推理小説の方は、犯人を特定した決定的証拠がなんだったのか、ついにわかりませんでした。タイプライターが関係あるらしいということまででした。『エデンの東』は3カ月くらいかかりました。全体の流れはわかったものの、延々と続く風景描写などは、どこがいいのか理解できませんでした。

どちらも途中でやめて、もっと読書力がついてから読めばずっとずっと楽しめたにちがいありません。いまならはるかに楽しめるはずだと思いますが、もう一度読もうという気にはなりません。言ってみれば、無理に読み終えたことが永遠の別れになったようなものです。

第4講　3合目
——基本語の大切さ

橙レベル　graded readers

登山道はそろそろ山に入ってきました。まだ麓の民家は見えていますが、車の音は聞こえなくなり、道が沢に近づくと清流の音が耳にとどきます。坂は急ではありません。けれどもところどころに穴があり、太い根っこがとびだしています。

橙レベルから青レベルまでは各レベルに2講ずつもうけ、graded readers と一般のペーパーバックに分けて紹介しています。穴や根っこが多いのは一般のペーパーバックの方です。例によって飛びこしてください。

まず橙レベルの graded readers は1000語未満の基本語を使って書かれています。文部科学省の学習指導要領によると中学3年間に習う語数が約1000ですから、ついに中学卒業レベルに来たと言えるでしょう。もっともそれは日本の中学生の話です。このレベルで読める英語のペーパーバックは、英語で生まれ育った人たちで言えば小学校の中学年というところでしょうか。

でも、まあ、あせることはありません。先を見すぎていいことはないのです。第1講のころは3、4歳のレベルだったことを考えれば、長足の進歩ともいえます。このまま進めば、第9講を終わるころには英語国の中学生レベル、第11講では大人向けのペーパーバックを読めるところまで到達します。さあ、山頂をめざして、橙レベルでは20冊くらいを目安に読んでみましょう。あるいは1分間に200語で読めることをめざしてもいいでしょう。

ちょっぴり本格的

さて、さすがに500語をこえて1000語まで使えるとなると、かなり本格的な本が現れます。

＊Penguin Readers シリーズ、Level 2（600語）、Penguin Longman 社
＊Oxford Bookworms シリーズ、Stage 2（700語）、Oxford University Press 社
＊Oxford Bookworms Factfiles シリーズ、Stage 2（700語）、Oxford University Press 社
＊Cambridge English Readers シリーズ、Level 2（800語）、Cambridge University Press 社

Penguin Readers のシリーズは最新の映画や話題の人物伝が売り物。ブラッド・ピットやオードリー・ヘップバーンの伝記、*Jaws*（『ジョーズ』）や *Jumanji*（『ジュマンジ』）などの映画ものがあり、さらにアメリカの青少年に大人気の *Sweet Valley High*（『スイートバレー高校』）というジュニア小説を graded readers として書き直した本などがあります。特に映画ものは数ページご

とに映画のスチール写真が入っていて、読みやすくできています。映画を見てから読むと、さらに快適なスピードで読めます。

500語の表現力

中でもおすすめは *Fly Away Home* です。「グース」という邦題で公開された映画を小説化したものです。これを読むと、もっとも基本的な500語でこれほど豊かな内容を伝えられるのかとおどろくでしょう。とくに終わり近くに出てくるいちばん印象的なセリフは、おそらくいちばん基本的な100語か200語以内で書かれています(いまはPenguin Longman 社のレベル分けが変わって、この本は以前は500語レベル、いまは600語レベルとなっていますが、内容はおなじです)。

英語を勉強する目的が、日常生活や海外旅行での会話だったり、Eメールを書くことなら、この橙レベルより上を読む必要はないくらいです。それ以上のレベルに進む必要があるのは、本が好きなので英語でも読書を楽しみたいという人や、研究や仕事のために専門的な話をしたり文章を書いたりしなければならないという人です。もし時間とお金があるなら、橙レベルはできるだけたくさん読むことをおすすめします。

その橙レベルの入り口にちょうどいいのが、ペンギンの Level 2 (600語) です。このシリーズにはいわゆる中綴じ二つ折りという体裁の本があり、薄く見えるので、英語が苦手でなかなか赤レベルを抜けられないという人も手に取りやすいはずです。ページ数も20ページそこそことといったところです。

Oxford の Bookworms シリーズは第3講で書いたように、装幀が黒で統一されていて、ちょっと近づきがたい趣きがあるかもしれません。けれども白黒の挿し絵がいよいよ大人向けに近くなってきたと思わせます。第3講でも書いたように、赤レベルの初級までの本を十分読んでいると、Bookworms の本は見かけよりはるかに読みやすいので、授業では「よーし！　この黒いシリーズは全冊読破するぞ」と言い出す学生が何人もいます。

たとえば *Death of Karen Silkwood* は、メリル・ストリープ主演で映画にもなっています（「シルクウッド」)。実際の事件が下敷きなだけに終わり方が単純ではありませんが、「おー、読書したぞ」という読み応えがあります。

Oxford Bookworms Factfiles シリーズは赤レベルの上級でも紹介しました。このシリーズはすべて書き下ろしですが、ここでは *U. F. O. s* という本を取りあげて、学生の感想を紹介します。

「SFものの映画が見たくなってきた」
「比較的興味のある内容だったので、読みやすかった」

英国ミステリーを味見

Cambridge English Readers シリーズも書き下ろしです。橙レベルではいちばん総語数が多く、1冊で800語から1000語あまり。ところどころに白黒の挿し絵が入っています。1000語レベル以上に進むには、Cambridgeの800語レベルは貴重な足がかりです。

もう一つ、Cambridge のシリーズの特長は、赤レベルの場合と同じように対象が大人であることです。簡単な筋運びながら、大人向けのスリラーやミステリーと同じ材料と料理の仕方になっていて、読みごたえがあります。

なかでも *Logan's Choice* は、英国ミステリーの雰囲気をかなり味わえる作品と言えます。女性の刑事が主人公で、行きつけのバーがあり、スコットランドの有名人がからむ殺人事件を解決していく……。道具立て、筋の運び、性格描写、どこをとっても半年先、1年先に読めるかもしれない本物の雰囲気をちょっぴり味見することができます。

けれども本物を思わせるほど読みごたえがあるということは、長さがあるということでもあります。橙レベルの本は50ページをこえるものが出てきます。その上文字が詰まっている印象があり、「なかなか進まない」という気がする本もあるでしょう。つまらなかったり、自分にあわないと思った本は、前講のスローガン通りどんどん途中で投げだしましょう。

複数レベルを平行して読む

ところで、このレベルからはいつも三つのレベルを読むようにしてください。つまり橙にくわえて、赤と黄色レベルをまぜて読んでほしいのです。やさしいレベルを読むことで「快適な速さ」を思いだし、上のレベルを読むことでちょっぴり「冒険」をして、そろそろ上のレベルが読めるかな、と探りを入れる……。

分速で言えば、100語から150語の速さなら、ちょうどいいレベルを読んでいると言えます。けれども将来読書を楽しむには、やはり分速200語くらいになりたいものです。読みたい本がたくさんある人には、各レベルを200語以上になるまで読むことをすすめます。けれども150語をこえたら、いつ上のレベルに行ってもいいでしょう。

そのとき同時に、一つやさしいレベルを読むと、200語以上の速さで読めることがあります。「これが快適な読書速度！」ということで、ぜひその速さを体にしみこませてください。速さを覚えておいて、上のレベルに行ってもその速さになるまでたくさん読む。それがペーパーバックへつながる理想的な読み方だと思います。

1000語でなにができる？

アメリカ発のニュース局ＣＮＮにラリー・キング・ライブ（Larry King Live）という対談番組があります。この番組は非常に人気があるので、このショーに招かれて主人役のラリー・キングと対談することは、それだけで有名人のあかしになっています。４年ごとのアメリカ大統領選挙では、各候補が招かれて全米の注目を浴びます。招かれた候補は何千万という視聴者によい印象を持ってもらおうと、準備万端怠らないといわれています。

招かれる「時の人」には芸能人、スキャンダルの当事者から、有名事件の被害者、警察官、そして政治家、学者、宗教家と、世の中のあらゆる分野の人があらゆる話題について1時間話をします。

そして視聴者は一般人ですから、現代アメリカの「言葉の標本」としては絶好の材料と言えます。しかもインターネットでCNNのホームページに行くと、過去1年間以上の対話記録がそっくり残されているので、現代アメリカの話し言葉を調べるにはもってこいです。

CNNのトークショーを分析する

その記録の中から、2001年1月に放送されたお医者さんとの対談を分析してみましょう。全体で9000語あまり、使われている単語の種類は1400種類(活用形も一つと数えています)。

1400種類のさまざまな語のうち、1000語までの言葉が全体の95%を占めています。そして栄養についての話なので多少専門的な語が残りの5%に含まれています。その中からすこし見本を取り出すと、医学や栄養学に関係する語が目立ちます。

fructose, genome, inhalant, portions, neurologic

などです。実はこうした語はこの話の中では大事な語で、これがわからないとお医者さんの話の大事な部分が理解できない可能性があります。けれども、こうした対談に出てくる専門家は一般視聴者をちゃんと意識していて、ちょっとでもむずかしい用語は言い換えて説明してくれます。ですから基本の1000語あまりが血となり肉となっていれば、テレビのトークショーで使われるほとんどの言葉は理解できることがわかります。

ちなみにモニカ・ルインスキーという、クリントン大統領との醜聞で有名になった女性との対談は、全部で約7000語、語の種類は活用形を一つ一つ別に数えても1142語です。おもにその後の暮らしぶりを語っているので、専門語はほとんど出てきません。日常生活には1000語を知っていればほぼ大丈夫だということがわかるのではないでしょうか？

必要単語数の統計

では大人向けのペーパーバックが読めるようになるには、何語くらい知っていればいいのでしょう。

まだ500語レベルの本しか読んでいない段階で、鬼が笑うような話と思うかもしれませんが、先を見通しておくと、いまやさしい本を読んでいる意味がはっきりしてくるのではないでしょうか。そしてやさしすぎるという不安もなくなる……。

さまざまな英文（書いたもの）にどんな語が使われているかについてはさまざまな統計がありますが、だいたい結果は一致しています。次の例はその一つです。

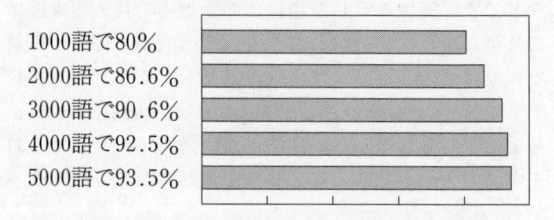

1000語で80%
2000語で86.6%
3000語で90.6%
4000語で92.5%
5000語で93.5%

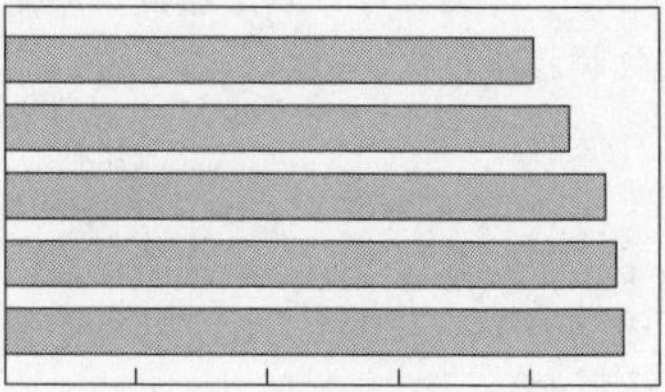

1000語と3000語の割合がおぼえやすい数字なのでこの統計を取り上げました。それぞれ80％と90％になっています。つまり、ざっと250ページから300ページくらいで、総計10万語という長さのペーパーバックがあったとすると、そのうち8万語は the、I、you、of、have、be などいちばん基本的な1000語が繰り返し出てきているということです。基本の3000語を知っている人ならば、その本に使われている語のうち90％は知っているということになります。

子ども向けの名作を読むには、3000語知っていれば十分です。たとえば『不思議の国のアリス』は2900語ほどが使われており、『オズの魔法使い』は3200語ほど使われています。基本的な3000語を知っていれば、こうした本には知らない語はほとんど出てこないと言えるでしょう。

大人向けのペーパーバックについては、まだ使用語彙の分析をしていないので、何語知っていれば読めるか、わかっていません。けれどもさきほどの表を見ると、3000語知っていてもその本の10語に1語は知らない、つまりおよそ1行に1個は知らない単語があることになります。ただ、シドニー・シェルダンなどの大衆小説は、さきほどの統計よりもやさしい語を使っているとすると、3000語知っていれば全単語の95％をカバーしているのではないかと予想しています（くわしくは今後の課題です）。大学の受講生を対象に行った簡単な調査では、2行に1個くらい知らない単語が出てきても楽しんで読めるようです。そうすると、3000語の知識があれば、シドニー・シェルダンはわからない語は無視して読み飛ばせることになります。

基本1000語の重要度

基本3000語はあらゆる書き言葉の90％を占めている大事な語彙ですが、いちばん基本的な1000語は80％もの貢献度があります。ところが4000語から5000語までの1000語はたった１％の貢献度しかありません。基本語がどんなに大切か、よくわかると思います。

基本の1000語という数はだいたい中学校の指導要領が指定している必須単語数と同じですが、中学校を卒業していれば80％は理解できるのかというと、そうは問屋が卸しません。たった1000語の言葉が繰り返し使われているということは、それぞれの語が多彩な意味で使われているということでもあるのです。

中学教科書の貧しさ

やっかいなことに go や make や have や in、and、on、so、the といった基本語ほど、さまざまな場面で使われ、数多くの意味を持っているように見えます。辞書でも引きにくいのはこうした基本語です。

けれどもどんな語でも、いちばん肝心な意味はたいてい一つです。前置詞 on には数え切れないほどの意味があるように見えますが、実はほとんど全部「接触」を表す意味から出てきたもので、on が「接触」をあらわし、off が「非接触」を表していることがわかると、たくさんある意味のほとんどは予想がつくのです。

そうした根っこにある意味をじわじわとわかっていくことが必要なのですが、基本語一つ一つの根っこにある意味をすっかり体得するためには、大変な量の英文に触れる必要があります。ところが中学校の教科書ではとてもとても量が足りません。中学校の教科書で習っただけでは1000語の根っこの意味がわからない。そのために大衆向けペーパーバックの総単語数のうち95%は見たことのある基本語だったとしても、内容を理解することはできないのです。

中学1年生の教科書に出てくる総単語数を調べたことがありますが、なんとわずか1500語くらいのものでした。1年間に触れる語数としては少なすぎます。「めざせ100万語！」で読む本は、赤レベル初級のごく薄い本でも1冊1000語くらいはありますから、2冊も読めば中学1年生が1年間で触れる量をこえてしまいます。2冊読むのにかかる時間は20〜30分くらいでしょう。

たった20分で読めてしまう量の英文を、根ほり葉ほり1年間かけて勉強していく。これでは英語嫌いを生むために授業をしているようなものです。しかも英語好きな生徒が一生懸命学校の授業についていったとしても、根っこを感じ取れるほど何回も基本語に出会うことはのぞめません。

中学3年間で触れる英文の量は、教科書と問題集を足してどんなに多く見積もっても1万語はこえないでしょう。1000語を獲得するには100万語を読む必要があるという研究もあるので、文部科学省が設定している中学基本語約1000を身につけるのに必要な読書量の約100分の

１にしかなりません（この研究については第14講を読んでください）。

それを補うために、基本語にはできるだけたくさん出会っておいた方がいいことになります。その意味でも、ピンク、赤、そして橙レベルの本をしっかり読んでおくべきでしょう。

「語学は単語」という迷信

「単語を知らないから英語ができない」と思っている人はたくさんいます。書店に行けば単語帳に類した本は山と積んであるし、逆に「たった100語でしゃべれる！」といった題名の本も枚挙に暇がありません。

「めざせ100万語！」をはじめるには、おそらく中学１年生程度の英語を知っていれば大丈夫です。そしてそこからは次々と読んでいくことで、自然に語彙は増えていきます。辞書や単語帳に頼らなくても、いや、頼らないからこそ、実質的な単語の知識が身につくのです。けれども世の中の常識では「英語力＝単語力」という図式が根強くはびこっていて、辞書や単語帳で語彙を増やさなければ、「読む」ことなど不可能だといわれています。

この「常識」をくつがえすのはほとんど不可能に見えます。けれどもやはりまっとうな道はたくさんの英語に触れることしかありません。「とにかく単語を覚えなければはじまらない」は、常識ではなく迷信であり、「単語の暗記」はとってはいけない抜け道なのです。

さらにもう一つ、「英語力＝文法力」という迷信があって、この二つが結びつくと「英語力＝単語＋文法」という無敵の組み合わせができあがります。まさに鬼に金棒とも、泣き面に蜂とも言うべきであります。

それに対して、ぼくがこの本で言おうとしていることは「英語力＝英語量」に尽きます。英語力は触れた（理解できた）英文量だけの関数であって、それ以外のことには無関係なのです。暗記も音読も公式も単語帳も文法も、量の獲得を邪魔するようなら、やらない方がいいでしょう。

「英語力＝単語＋文法」という迷信から抜けられない人は、unlearn の講（第12講以下）を見てください。

それでもやっぱり単語を増やしたいという人へ

また「いそいで単語を覚えなければならない」という人のために、第11講で「単語力増強」について書いています。量を犠牲にしない単語力増強は可能か？　多読の考え方を単語力増強に利用できないものか？

いろいろな方法を提案しているので、楽しみにしていてください。

第5講　4合目
——耳からも100万語

橙レベル　graded readers 以外

ぼくが授業で使っているレベル分けは、すでにおわかりのように何種類の語を使っているかで決めています。けれども使用語数で分けたレベルの違いがそのまま読みやすさを表しているかというと、そうではありません。「読みやすさ」というのはさまざまな要素で決まるものと見えて、一筋縄ではうまくレベル分けできません。

たとえばこの講で選んだのは読みやすいと評判の本ですが、もともと英語国の子どもたちが読む本なので、かなりむずかしい文章が出てきます。橙レベルの1000語までという制限をこえる語が使われているだけではなく、文の構造も高度です。

けれども挿し絵や、話のおもしろさや、子どものころに日本語で読んだことがあるといった要素がくわわって、ぼくの授業では橙レベルの人たちが楽しんでいます。

＊STEP into Reading シリーズ、Step 3
Random House 社
＊I Can Read Book シリーズ、Level 3

Harper Trophy 社

* Ready for Chapters シリーズ

Aladdin Paperbacks

この三つのシリーズは、英語国の子どもたちが親しむ最初の本をめざしていて、小学校低学年を対象にしています。

いわば読書習慣をつけさせるための本ですが、次にあげるシリーズは小学校低学年向けとはいえ、いちおう普通のペーパーバックです。つまり教育的ねらいよりも、れっきとしたベストセラーまたはロングセラーをねらったペーパーバックで、たまたま対象年齢が低いというだけのことです。

* "Magic Tree House" シリーズ、Random House 社
* "Doctor Dolittle" シリーズ、Red Fox Read Alone

Random House 社

* Young Puffin シリーズ の薄いもの（70ページから80ページくらいで、裏に Read Aloud または Developing Reader と書いてあります）

Puffin Books

どれも挿し絵がほとんどページごとに入っていて、話の展開を追う大きな助けになっています。また Young Puffin は字も大きめで、入りやすいはずです。第4講までの本をたくさん読んできた人にとっては決してむずかしくありませんが、軽くすませてきた人にはかなりむず

かしいかもしれません。語の種類も文の構造も、緑や青レベルの語が出てきます。その意味でも第4講までの本を大量に読んでおくことをすすめます。

総合学習？

“Magic Tree House” はその名の通り、木の上に作った小屋に魔法の本があって、子どもたちがその本の絵を指して、そこへ行きたいと願うだけで、本当にその絵のところに行きます。言ってみれば Magic Tree House がタイムマシーンとなって、子どもたちを恐竜の世界や古代エジプト、果ては日本の忍者の世界にまで連れて行く続きものです（邦訳『マジック・ツリーハウス１　恐竜の谷の大冒険』『マジック・ツリーハウス２　女王フュテピのなぞ』）。

このシリーズを読んだある高校生は「ＮＨＫ教育テレビみたい」と言いましたが、たしかに小学校中学年向け、あるいは高学年向けの社会と歴史、それに理科の副教材ともいえます。けれども筋の運びがおもしろく、意外な知識を得られるので、大学生にも好評です。長さは60ページあまりですが、どっしりとした白黒の絵が数ページおきに入っていて、筋の展開が読みとりやすくなっています。字が大きく、行数が少ないのも好かれる理由でしょう。2002年夏までに26巻まで出ています。なお、インターネット上に “Magic Tree House” のホームページ (www.randomhouse.com/kids/magictreehouse/) もあって、各巻の物語で興味を持った国や地域や時代について、もう少しくわしい情報を得られるようになっています。たとえば *Night of the Ninja*（またしても頭韻です）は日本の忍者の話で、ホームページを見ると、お城の写真と簡単な日本の歴史が載っています。

いわばお話を出発点にした「総合学習」のようなものですが、読んでからホームページを見ると、「英語のホームページが読めた！」という感激もあります。多読からインターネットの英語ページへとつなぐ意味でもすすめられるシリーズです。

また、“Magic Tree House” のほかにも、“The Magic School Bus”、“Magic Attic Club” などの類似シリーズも出版されています。たとえばアマゾン・コムのホームページでは Books ＞ Subjects ＞ Children's Books ＞ Ages 4-8 ＞ General と探していくと見つかります。近くの洋書店にあれば手に取ってみてください。

ドリトル先生！

ドリトル先生の原作（ヒュー・ロフティング Hugh Lofting の “Doctor Dolittle” シリーズ）は10巻以上ありますが、そのうち6巻が小学校低学年用に短くやさしく書き換えられています。これからもっと増えるでしょう。元のお話を知っている人が読むとあまりに簡単になりすぎていますが、この6冊シリーズから出発して、原作へ進むのもよいやり方だと思います。

原作のなかでは *The Story of Dr. Dolittle* がいちばん読みやすいでしょう。けれども、まず岩波書店の井伏鱒二訳（『ドリトル先生アフリカゆき』）を読んでから原作に挑戦することをすすめたいと思います。

ペンギンの妹？

Penguin Books はイギリスのペーパーバックではいちばん有名な文庫で、その子ども版に Puffin Books という文庫があります。そして、さらに年少の読者を対象にしたシリーズに Young Puffin Books があり、2ページに一つずつ挿し絵が入っていて、字も大きめです。

近くの洋書店で手に入らない場合はインターネットに頼ることになります。不思議なことに、原稿執筆時現在、www.puffin.co.uk のようなホームページよりも、www.amazon.co.uk などのインターネット書店の方が情報が豊富です。実物を見ることができないので、見当をつけて注文するほかありません。80ページ以下ならたぶん橙レベルと思っていいでしょう。

その中で *The Velveteen Rabbit*（『ビロードうさぎ』）は本文64ページで、裏表紙に Read Aloud つまり読み聞かせに適していると書いてあります。この本は学生が「橙レベルくらいでしょうか？」とレベルを評価していて、別の学生が「思わず応援したくなるようなウサギくん。最後は涙……」と感想を書いています。

Young Puffin Books もそのお兄さん（お姉さん）にあたる Puffin Books も、大人が読んでも十分に楽しめる名作、傑作がたくさんあるので、多読には最適です。多読が広まっていけば次第に洋書店にも実物が置かれるようになると思います。手にとって活字の大きさ、絵の多い少ないを確かめられるのはとても安心なので、ぜひこうしたシリーズを積極的に並べてほしいものです。

ロアルド・ダールの子ども向け作品

日本では英語のペーパーバックを読む子どもは少ないため、Young Puffin Books も Puffin Books も店に置いていないことが多いのですが、唯一の例外がロアルド・ダール（Roald Dahl）の作品です。たいていの洋書店に常時在庫があります。手に入りやすいこともさることながら、多読にぴったりの特長がいくつかあります。

まず、まるで多読を考えて書いてくれたかと思うほど、ゆっくりと、少しずつ本が厚くなっていきます。橙レベルで読める可能性があるのは下の3冊で、どれも50ページから70ページくらい。同じ橙レベルの graded readers にくらべると長いようですが、実は挿し絵がたくさん入っているので、実質は30ページから40ページくらいでしょう。もちろん字も大きいし、挿し絵の入れ方がたくみなので（実は絵だけ見ても筋はわかる）、初級の人でも手を出しやすいはずです。

The Magic Finger（『魔法のゆび』）
The Enormous Crocodile
（『大きな大きなワニのはなし』）
Esio Trot（『恋のまじない、ヨンサメカ』）

挿し絵が子どもっぽくありません。また、ダールは学校時代にいじめを受けた人で、子どもの目を現実から遠ざけようとはしません。いじめが登場する作品がいくつかあります。また *Esio Trot* は子ども向けの作品としてはめずらしい「中年男女の恋」を描いています。

この先、graded readers と並行して、少しずつ普通のペーパーバックを読む方向へも道を開いていきますが、この第5講で紹介する本は入り口にぴったりの本だと思います。

なお、子ども向けの読み物は言葉遊びがよく出てくるものですが、ダールはとくに好きで、辞書にない言葉をどんどん作ってしまいます。青レベルで紹介する *The BFG* は巨人族が出てきて奇妙な言葉を使うので、音遊びがいっぱいです。たとえばこんな文があって、頭韻が使われているのがわかると思います。

> I is wanting dreams about gigglehouses for girls... and about boggleboxes for boys.

「めざせ100万語！」の途中でこんな文に出会ったとき、意味を深く考えようとすると先へ進めなくなってしまいます。どうしてこんな言葉を作ったのか、わかるとおもしろさは増しますが、とりあえず音のおもしろさだけを楽しんで、意味は飛ばすことにしましょう。

耳からも100万語――やっぱり音がなけりゃ

ダールの作品を読んで、音の遊びを楽しめるようになるには、英語の音が体のなかで動き出さなければなりません。「めざせ100万語！」は、おもにペーパーバックを読むためのプログラムですが、たいていの人の場合、読むだけでは言葉を獲得した気にはなれません。できれば聞いて話せて書けることもめざしたいものです。

この本は、「話し書くためには、まず体の中に十分英語がたまっていなければならない」という仮定に立っています。たまった英語をどうやって口から手から出力していくかについては、また機会をあらためて書くことにしますが、とりあえず大量の英語を吸収する必要があります。

吸収するには目と耳を使います。目から吸収する方法はすでに書いてきました。くわえて、聞いてわかるようになれば、英語の吸収量が段違いに増えます。テレビ、映画、インターネットラジオなど、耳から取り入れるメディアはたくさんあるので、録音しておけば、歩きながらあるいは通勤電車の中でも耳から吸収することが可能です。

多読だけで十分？

実は「多読だけで聞くことも話すこともできるようになる」と言いきっている人がいます。アメリカの言語学者で、外国語の獲得について世界で指導的な役割をはたしているスチーブン・クラッシェンという人です。大阪にある四天王寺国際仏教大学で多読指導をしているベニコ・メイソンさんはクラッシェンさんと一緒に論文も書いている人ですが、この人によるとクラッシェンさんは、

Extensive Reading is not the best way. It’s the ONLY way !

と言っているそうです。つまり多読（Extensive Reading）だけで、聞き、話し、読み、書くといった、言葉のすべての面を獲得できるというのです。

ぼくはクラッシェンさんの外国語体得論はほとんどうなずけるものだと思いますが、上の断定には少々疑問があります。クラッシェンさんは、日本の英語教育が音声面で自然な英語からひどくはなれていることを考えに入れていないのではないかと思うのです。

とはいうものの、「めざせ100万語！」をある程度（数十万語）やった人の中には、聞く練習はなにもやっていないのにリスニングの力が増したという人が何人もいます。それはおもに英語を「出てきた順に理解できる」ようになったためだと思いますが、クラッシェンさんの言うことはある程度は当たっていることになります。

さらに、まだ一人だけですが、アメリカ人に「本当に多読だけしかやってないのか？」と不思議がられるほど話すことがうまくなった人もいます。これもクラッシェンさんの言い分を支持する材料です。

けれども多読だけで聞き、話せるようになるかどうか、ぼくはまだ確信が持てません。ですからその点がはっきりするまでは、多読にくわえて音の練習もやっておくことにしましょう。

教室で聞く英語の音はあまりに日本語化しています。ですから英語本来の音は新たに覚えなおす必要があると思います。そのためにシャドーイング（shadowing）ということをやりましょう。英語を聞きながら口を一緒に動かすことで集中しやすくなり、聞く力を育てながら、同時に話す準備ができてきます。

シャドーイングの三つの目的

シャドーイングという練習方法はもともと同時通訳の訓練で使われていたそうですが、このごろでは一般の学習者のあいだでもはやってきました。同時通訳の訓練では、おそらく「聞きながら訳す」準備として「聞きながら繰り返す（つまりシャドーイング）」のでしょうが、ここでは目的がちがいます。

一つは「頭のすすぎ洗い」です。わたしたちの頭のなかにはすでにカタカナ英語がしみついています。カタカナ英語は日本語の音に干渉された英語の音です。シャドーイングは耳からどんどん本来の英語の音を注ぎこんで、カタカナ英語を洗い流します。

二つめの目的は英語の音の獲得です。これはすすぎ洗いと平行して起こるはずですが、カタカナ英語が洗い流されるにつれて、英語独特の音が口から出るようになります。ぼくが指導した社会人クラスでは、1日15分、1週3、4日のシャドーイングを2カ月くらい続けて日本語の音をずいぶん離れた人が数人います。

三番目の目的は、耳から英語を吸収することです。シャドーイングによって英語の音と綴りの関係がわかってくれば、聞くだけで大量の英語を吸収することができます。耳から吸収できる英語は多読で吸収できる英語よりも新しいと言えます。テレビやインターネットラジオのニュースは、最新の情報を音声で伝えてくれます。いま世界のどこかで起きている事件をほぼ同時に知ることができるので、興味が続きやすく飽きません。毎日事件を追いかけているうちに大量の英語に接することになります。これは知っている語数を増やすことにもなります。

シャドーイングはどうやる？

要するにテープから聞こえてくる朗読を、そのまま影(shadow)のように声を出してついていくのです。graded readers の朗読テープは、文と文のあいだに休みを入れてありません。つまり一つの文が終わると次の文がすぐにはじまります。これについていくには、文が聞こえはじめるとすぐに聞こえた音を繰り返しはじめます。耳で次の音を聞きながら、口では聞いたばかりの音を繰り返すことになります。

むずかしいと思うかもしれませんが、コツをつかむにはまず日本語でやってみます。テレビの日本語のニュースでシャドーイングをやってみてください。ちっともむずかしい作業ではないことがわかるはずです。それと同じことを英語でやってみるわけです。

朗読テープを使って

シャドーイングの材料はなんでもいいのですが、はじめやすいのは赤レベルの初級テキストを朗読したテープでしょう。全部のテキストに朗読テープがあるわけではありませんが、かなりの数があります。

「赤レベルの初級あたりが読むのにちょうどいい」という人は、まだまだこのレベルの朗読テープは聞いただけではなんのことかわからないはずです。でも、**わからな**

い方が、シャドーイングにはいい！

赤レベルの朗読テープは、語数レベルが200語や300語とかぎられていて、しかも１分間に80語程度のゆっくりした朗読なので、英語が得意な人は頭のなかで和訳して、内容がわかってしまうかもしれません。これが逆に具合が悪いのです。どんな単語かわかってしまうと、頭のなかで学校英語の音に直してから繰り返してしまうからです（ある受講生はこれを「カタカナ変換」と名付けました）。

そういう人は、内容が聞き取れないくらい速い朗読で練習した方がいいでしょう。たとえば「ハリー・ポッター」の朗読テープは相当速く、１分間に200語近く読んでいます。この速さだと、聞き取れない語が多くなって、舌がもつれ、口がまわらなくなります。すなわち、カタカナ英語に直している余裕がない！　すべてをあきらめて、聞こえてくる音をわけもわからずに繰り返す……これがいいのです。

授業の経験では、そういう速いテープを繰り返させると、みんなとてもいい音を出すのに、「いまの英文はこれでした」といって、印刷したものを読んでもらうと、たちまち学校英語式のカタカナ英語に戻ってしまいます。

ＣＮＮもいい

英語が得意な人は、朗読テープ以外にもＣＮＮやＢＢＣでニュースのシャドーイングをするといいでしょう。キャスターの口元を見て口の形をまねするようにすると、カタカナ変換する癖が出にくくなります。

ただ、ニュースの内容を理解してから繰り返そうとすると、ついていけません。この段階では内容も単語も理解できなくてもいい、音を繰り返すだけだということを忘れないでください。

シャドーイングは単調

実はシャドーイングは受講生に人気がありません。続ける人が少ないのです。理解を二の次にするので、読書のようにおもしろい作業ではないのでしょう。

けれども続けた人は確実に英語の音に近づいていきます。つまり自分の出す音が「子音が耳障りに、母音が奇妙に」なります。

そのためには、しばらくは意味もわからずに、ごにょごにょと繰り返していてください。そのうち、適当な時期が来たら、聞いて内容を理解することへ進みましょう。それまでに「文を頭から順に理解する」ことに十分慣れて、ある程度の速さ（１分間に150語くらい）で読めるようになっていなければなりません。

音の unlearn

音についても、辞書や文法とおなじように、捨てなければならないことがあります。それはカタカナ英語です。耳から入ってきた音を口からそのまま出すには、頭のなかでカタカナ変換することをやめなければならないのです。

カタカナ変換には無理ないと思える点もあります。生の英語の音はぼくたち日本人にはあまりに奇妙です。人間の出す音とは思えません。子音のtやkやsはひどく激しくて耳障りだし、æ やあいまい母音の音はアイウエオのどの音ともちがっていて、とてもそのまま出す気になりません。そこでどうしても言い慣れた日本語の音に置き換えて安心したくなります。

カタカナ英語にはそれなりの存在理由があるとすると、辞書や文法同様、捨てるには納得できる理論が必要です。いままでの学校英語の音が英語の実態とはかけはなれていることを得心しないと、聞こえてきた英語の「変な音」を、なじんだカタカナ英語の音に直して口から出してしまいます。言い換えれば、聞こえてきた音の綴りを思い出して、それを頭のなかで「読んで」しまいます。

そこで、音についても unlearn することにしましょう。第12講で、シャドーイングのときにいちばん気をつけることを説明します。

第6講　中腹に来た！
――いよいよ1000語をこえる：よくある質問

黄色レベル　graded readers

1000語を越えることは大きな一歩です。5合目にさしかかった記念に、ピンクか赤の本を読んでみてください。はじめて読んだころにくらべて、さらさらと読めるようになっていることに気がつくはずです。たしかに英語が滑らかに体に入ってくるなと感じたら、元気を新たに残りの半分をめざして出発です。

英語の勉強から読書の楽しみへ

何度も強調しますが、日常生活の会話や電子メールを書くだけなら、橙レベルまで、つまり1000語以下で十分です。

けれども英語を獲得したい動機が、新刊のミステリーを訳される前に読みたいとか、仕事や研究や受験に必要なので原書を読みたいという人は、1000語をこえてレベルを上げていきましょう。そういう人ももちろん1000語レベル以下の読書を平行して続けていくことをすすめます。

少しずつペーパーバックの読書に近づくには、黄色レベルから少なくとも20冊くらいは読むとよいと思います。graded readers では次のようなシリーズがあります。

＊Oxford Bookworms シリーズ、Stage 3（1000語）、Oxford University Press 社

＊Oxford Bookworms Factfiles シリーズ、Stage 3（1000語）、Oxford University Press 社

＊Penguin Readers シリーズ、Level 3（1200語）、Penguin Longman 社

＊Cambridge English Readers シリーズ、Level 3（1300語）、Cambridge University Press 社

＊Oxford Bookworms シリーズ、Stage 4（1400語）、Oxford University Press 社

上の五つのシリーズ全部でやはり100冊以上あります。どんな分野の本があるかを紹介しましょう。またぼくの気に入った本も紹介します。

大人向けのノンフィクションもある！

黄色レベルの graded readers を見ると、英語と内容のレベルの高さにおどろきます。これはもう、れっきとしたペーパーバックと言っていいのではないか？

たとえば Factfiles の *The Cinema* という本は鮮明な写真をふんだんに使って映画の歴史を27ページにまとめたものですが、はじめて知る事実の数々に graded readers だということを忘れて読んでしまいます。たとえば、

「マーロン・ブランドはわずか10日間の撮影で225万ドルもらったことがある。映画は1978年の『スーパーマン』で、完成したフィルム上ではおよそ10分間の登場だった。」

なんていうことが書いてあります。こういう調子で、映画の初期から、「スター・ウォーズ」「トイ・ストーリー」、IMAX 映画館までツボを押さえて紹介されています。

Factfiles シリーズはすべてこのシリーズのための書き下ろしですが、フィクションの多い Penguin Readers にもノンフィクションはいくらか入っています。たとえばマイクロソフト社のビル・ゲイツが書いた *The Road Ahead*（『ビル・ゲイツ未来を語る』）の簡約版があります。表紙の写真は原書とおなじです。学生の感想には、「数年前に書かれた見通しが、今かなり現実になっていることに驚かされた」とあります。この本を読んでおもしろかったら、次に翻訳を読み、最後に原書を読むのもいいでしょう。

あなたが熱狂的なサッカー・ファンなら、おなじ Penguin Readers の *Manchester United* はどうでしょう。学生は「マンチェ　最高！」なんていう感想を書いています。

graded readers はイギリスの出版がほとんどなので、サッカーを取りあげた本はほかにもいくつもあります。Penguin の Level 1（300語）では *Pele* があり、Level 2

(600語) では *Football Clubs of South America* がありました。また、さきほどの *The Cinema* とおなじ Factfiles シリーズ Stage 2 にはなんと *Football* と *Soccer* という2冊がありますが、文章はおなじです。

現代ものも

Penguin Readers の強みは現代ものです。中でも映画の小説化、有名人の伝記ものでは他社の追随を許さないところがあります。1200語レベルで読めるものには、映画ではスピルバーグの *Amistad* (「アミスタッド」)、ハリソン・フォードの *The Fugitive* (「逃亡者」)、オードリー・ヘップバーンの *My Fair Lady* (「マイ・フェア・レディ」)、それに学生のお気に入りである *Rain Man* (「レインマン」) などがあります。また有名人の話では、ビートルズ、英国王室、ダイアナ元皇太子妃などを取り上げた本が出ています。

古典の簡約版

一方古典的名作もたくさん graded readers になっています。英語の小説といえばシャーロック・ホームズは欠かせません。社会人も大学生も高校生も、シャーロック・ホームズは大好きなようです。翻訳で読んでいて、でも細部は忘れてしまった、でもおもしろかったことは覚えている、もう一度読んでみたい、という人には絶好の本です。

各レベル、各社からさまざまなホームズ本が出ています。レベル、出版社を問わず渉猟するのもよい方法だと思います。まだ先だと思っていたレベルでも案外読めるかもしれません。

シャーロック・ホームズも古典ですが、ほかにも古典的名作の簡約版はいくつもあります。graded readers で名作を読む楽しみについて書いておきましょう。

Oxford Bookworms シリーズには名作がたくさん入っています。赤レベル、橙レベルでは創作ものがかなりありますが、黄色レベルになると、古典の簡約版が増えてきます。使用語数が1000語と増え、ページ数も多くすることができるので、簡約版が作りやすくなったのでしょう。

1000語レベルではジャック・ロンドンの *The Call of the Wild*（『荒野の呼び声』）、チャールズ・ディケンズの *A Christmas Carol*（『クリスマス・キャロル』）、フランシス・ホジソン・バーネットの *The Secret Garden*（『秘密の花園』）、1400語レベルではレイモンド・チャンドラーの *The Big Sleep*（『大いなる眠り』）、ロバート・L・スチーブンソンの *The Strange Case of Dr. Jekyll and Mr. Hyde*（『ジキル博士とハイド氏』）、*Treasure Island*（『宝島』）などがあります。名前だけは知っているけれど読んだことはない原作を「そうかこういう話だったのか！」とわかるだけでも楽しいことでしょう。

名作物は少し古いものが多く、英語も古い場合があって、簡約版を読み終わったらすぐ原書が読めるというわけにはいきません。けれども graded readers でおもしろいと思ったら、次に翻訳で読んで、「いつかこの原作を英語で読もう」と楽しみにするとよいのではないでしょうか。とくに読書好きの人には graded readers は名作への招待状、あるいはサンプル集と言えないこともありません。

たとえば Penguin の Level 2（600語）や Bookworms の Stage 3（1000語）に入っている *The Wind in the Willows*（ケネス・グレアム作『たのしい川べ』）は、原作へのすばらしい手引きになっています。この本は読書好きの人にはとくに好評です。

原作は、書き出しが少々もったいぶっているように感じられるかもしれませんが、話が展開しはじめると、そんなにむずかしくはなくなります。もちろん石井桃子さんのすばらしい翻訳を読んでから、原作にとりかかるのもいいでしょう。少し古い世代なら知っているカエルの着ぐるみケロヨンは、もともとこの本の中のヒキガエルが前身です。元祖ケロヨンの破天荒な冒険を楽しむことができます。

もっと原作に近づきやすい本には *Emil and the Detectives*（『エミールと探偵たち』、エリッヒ・ケストナー）は簡約版から原書（ドイツ語から英訳）に移りやすい本です。個人的な意見をいわせていただければ、これもぼくの大好きな本です。Penguin Readers に入っていて、挿し絵が原作と同じなのもすすめる理由です（ただしカラーになっています）。この場合も Penguin Readers 版を読んで、日本語訳を読んで、それから原作の英訳（Penguin Books の妹版 Puffin Books に入っています）を読むのもいいでしょう。

よくある質問

これまで、「めざせ100万語！」のスローガンをいくつか挙げてきました。いわく「わからないところは飛ばせ」(「出発のまえに」)、いわく「辞書は引くな」(第1講)、「和訳するな」(第2講)、そして「途中でやめろ」(第3講)……。

どれも英語学習の常識をひっくり返すような提案ばかりなので、おどろいたことでしょう。授業でも、とまどった受講生からさまざまな疑問が提出されます。

ここではそうした疑問の中からよくある質問をとりあげて、答えたいと思います。

質問1　「わからない単語をほうっておいていいのか？」

これは実にもっともな疑問です。「めざせ100万語！」についていちばん多い質問です。「辞書は引かないように」と言われると、たいていの人は不安になります。「わからないところは飛ばす」と聞くと、本能的に腰が引ける人もいます。

無理もありません。ぼくたちはこれまでずっと「わからないところを放っておいてはいけない。すぐ解決するように」という教育を受けてきました。この教育はぼくたちの骨身に染みついていて、日本人の勤勉さの背骨にさえなっているようです。

けれどもどうも世の中には、そんなにきっちりやらなくてもいいことがあるようです。わからないところは「まっ、いいか」と放っておいて、あとから振り返ったら簡単にわかったということもよくあります。いつ振り返るか、いつわかるかは一人一人ちがいます。それぞれの人に何かがわかる時機があると思います。

物事がわかるには天の時がある

単語の意味がわかることも同じです。本当は一人一人がいろいろなきっかけでわかってくるものなのに、学校英語では知らない語はすべて辞書を引かなければならないことになっています。

そういう授業を何年も受けていれば、英文のすみずみまで解明しないと気がすまない人が多いのは当然でしょう。学校英語だけで学習してきた人にとっては、辞書は空気のような存在で、それなしには息ができないとさえ思えるのです。息継ぎなしに泳げるだろうか！

たとえば SSS ホームページの掲示板に、ある人が

> 「いまになってやっと多読に入れるというのは、自分が実に臆病であったのだなと思います。……Sydney Sheldon を２冊読んだところで、わからない単語をとばしていくのが不安になり、ペーパーバックを読むのを止めてしまいました。」

という感想を書いてくれました。シドニー・シェルダンを２冊も読める人でも「わからない単語をとばしていくのが不安」なのです。

さてそれほど「根源的な」不安をどうやわらげたらよいものか……。

日本語ではどうしているだろう？

一つの答えは「日本語をこれまでどうやって読んできただろうか？」と問い返すことでしょう。ぼくたちは日本語を読むときに、わからないからといって一つ一つの文で立ち止まることはないのではありませんか？　わからないところがあっても、普通は飛ばして読んでいると思います。「そのうちわかるだろう」といういい加減な読み方ですね。そしてその読み方でだいたい処理できているのだと思います（国語の現代文や古典の試験ではいい加減な読み方をしていたら点が取れませんが、あれは「普通の読み方」ではないと思われます）。

いつかわかるようになる

もう一つ、これも試験には役立ちませんが、さきほどの「いつかわかるようになる」という答えはどうでしょう。わからないことは放っておけばいいのです。

最近映画につられて *The Lord of the Rings*（『指輪物語』）を読んだ人がいます。物語のはじめの方にブラック・ライダーという気味の悪い連中が現れる場面があり、そこに pursue というむずかしい語が10回近くも出てきたそうです。この人は、わからないところは飛ばせる人だったので、pursue の意味がわからなくても無視していましたが、そこからしばらく先のページであらためて pursue が出てきたところで、はたと「追う」という意味ではないかとわかったそうです。

大事な言葉なら何度も繰り返し出てくるから、いつかわかるようになります、心配はいりません。繰り返し出てこない場合は「一生わからない」かもしれませんが、それはその言葉が大事ではないからでしょう。放っておけばいいのです。

辞書を引かない英語の達人がいる

実例を挙げたら納得できるでしょうか？

いちばん極端な例はぼくの友人の考古学者です。この人はひょっとすると、ぼくよりたくさんの本を読んでいるかもしれません。けれども考古学の本を読むとき以外は一切辞書を引いたことがないと思われます。辞書とか文法というものを毛嫌いしていて、それでも大変な英語の達人です。

あるとき、英語の文章を書いたので見てくれとぼくに送ってきたものを見ると、リズムもあって、話が素直に流れていて、しかも文法的なあやまりもほとんどありませんでした。そこで、皮肉をこめて「文法嫌いでも量を読むと自然に文法通りになるようだ」と誉めたところ、「文法通りかどうかなんぞ聞いてない。ちゃんと書けてるかどうかだけ答えればいい」という怒りの返事が返ってきたのでした。

センター試験150点から「ハリー・ポッター」へ

そこまで極端ではない例はたくさん見ています。ぼくはよく、授業でペーパーバックを読むようになった人に「辞書は引いてないよね」と聞きますが、「引いている」と答える人はいません。辞書を引くことを忘れてしまったという人さえいます。

ある英語関係の出版社の人が、ぼくの授業を見に来ました。学生にいろいろ質問して、いちばん驚いたのは「辞書引かないでわかるの？」という質問に対するある学生の答えだったそうです。その答えは「訳せと言われたらできないけど、わかる」でした。

この学生は入学のときのセンター試験で、200点満点中150点という中ぐらいの成績だったそうです。読んでいたのは「ハリー・ポッター」シリーズの第4巻でした。「ハリー・ポッター」はかなりむずかしい言葉がどんどん出てきます。魔法の話になると、作者が作ってしまった言葉も少なくありません。

こうやって、訳せないけれどわかる人たちの例を挙げているときりがありません。そこでちょっと冷たい言い方をすると、「わからないところを飛ばしてペーパーバックを読んでいる人はたくさんいる。あなたもとにかく飛ばしなさい」ということになってしまいます。

子どもはどうしている？

たとえば10歳のある男の子がピンクレベルの本をどう読んでいるか、お母さんの報告で紹介しましょう。この子は数年間、日本人の英語の先生に1週間に1回個人授業を受けていました。その子がピンクレベルの本を何冊か読んだところで、次のような会話があったそうです。

「どうだった？」
「うん、読んだよ」

「難しい？」
「いや」
「わからない単語ない？」
「あるけど、飛ばしてるから、だいじょうぶ。これとこれは読んだ。これはつまんないから途中でやめた」

「飛ばしてるから、だいじょうぶ」――なんという見事な表現でしょう。言葉の獲得にかけては、大人はどうも子どもには勝てないようです。
「わからないところが飛ばせない」症候群のいちばんの原因は、「100％の理解」を求めるところにあると思いますが、それは半分性分なのだと思われます。けれどももう半分の「学校教育の影響」の方は、納得できる説明で排除することができるかもしれません。第13講以下で「では辞書と文法でわかるのか？」という話をくわしくしようと思います。

質問２　「こんなやさしい本ばかり読んでいて、むずかしい本を読めるようになるのか？」

この疑問の答えはすでに上の質問の答えで出ているようなものです。読めるようになります。ぼくたちが日本語を読めるようになった過程を振り返ってみれば、納得できるのではないでしょうか？
ふだんぼくたちは辞書など引きません。年に何回かまわりの人に聞くだけではありませんか？　それでも新聞の論説や経済記事や、仕事関係の書類や、研究論文まで読めるようになっています。

ただ、受験やTOEICや留学のために急いで語彙を増やさなければならないということはあるでしょう。そういうときに、「言葉の自然な理解のためには時間をかけて多読するのがいちばんだよ」と正論を言ってもはじまりません。緊急避難として語彙を増やすにはどうしたらいいか、それは第11講に書いてあります。

質問3　「同じ本を何度も読んでいいのか？」

1冊1万語の本を100回読めば100万語になる――それはそうですが、それではちょっとまずいでしょうね。

けれども「リーズナブルな範囲」ならば、繰り返せば繰り返すほどよいと思います。ぼくが学生に「何度でも読みなさい」と言わないのは、入門期の本には繰り返すほどおもしろいものがなかなかないからです。

どんなにやさしい本でも、おもしろかったら何度でも読んでください。気に入った本の英語ほど、体にたまりやすく、あとで生きてきやすいはずです。

質問4　「文法は本当にいらないのか？」

学校で文法を教えるのは、第一に試験の採点がしやすいからであり、第二に先生が英語よりも文法にくわしいからであり、第三に英文和訳のためであると考えられます。

あなたが英語を獲得したい目的が、試験のためではなく英語で読書を楽しむため、またはなんらかの形で英語を仕事に使うためであれば、第一、第二は言うまでもなく、第三の理由さえ関係ないでしょう。

文法を知らなければ言葉がわからないとしたら、ぼくたちはみんな国文法の大家です。逆に言えば、文法は知らなくても言葉は使える——言い古されたことなので、これ以上は言いません。

文法を知っていても英語の理解につながらないことは『どうして英語が使えない？』で予備校の先生を例に挙げて説明しました。大学の先生の例もあるのですが、それはまた機会をあらためて書くことにしましょう。

質問５　「レベルを上げていくタイミングは？」

すでに書いていますが、もう一度整理しておきましょう。すべて、「いままでの指導経験ではこう助言する」という目安です。また、読書速度でレベルを上げる場合は、頭のなかで音読しているかどうか、和訳しているかどうかも関係してきます。

１分間に100語以下で、しかも読んでいて楽しくない本はすぐにやめにします。同じレベルで100語以下の本が続くようなら、レベルを下げた方がいいでしょう。

100語から150語くらいなら、ちょうどよいレベルだと思います。そのまま150語以上になるまで同じレベルを読み続けてください。

150語をこえたら、そろそろレベルを上げることを考えてもいいと思います。けれどもそのレベルを楽しんでいるあいだは、読み続けると足腰を強くすることができます。でも上のレベルをのぞいたり、下のレベルを読んで快適な速さをたしかめるのを忘れないように。

200語をこえるようなら、レベルを上げましょう。それで極端に遅くなるようなら、快適に読めるレベルに戻ればいいだけのことです。

質問6 「多読をはじめるタイミングは？」

だれでもいつでも、はじめられると思います。ピンクレベルは絵本よりやさしいので、子どもでもはじめられます。一方、どんなに力がある人でも、ペーパーバックをふだん読んでいない人はピンクレベルからはじめるようにと言っています。だれもが平等に赤ん坊になる——それが「めざせ100万語！」だと思ってください。

したがって、どんな赤ん坊でもはじめることはできます。お父さん、お母さんが読んであげればいいのです。その際、できればお父さん、お母さんがシャドーイングでカタカナ英語を抜け出していると、もっといいと思います。

けれども一般的には中学２年生からかなと思っています。つまり、いちばん基本的な300語か400語をぼんやりと知っていればはじめられると思いますが、この点についてはまだ経験がほとんどありません。今後経験を積んで、もっと的確な答えができることを願っています。

質問7 「多読で、聞いたり話せたりするようになるのか？」

この質問は、英語でいう Good question. です。この表現は、聞かれた人が答えを知らないときに言う決まり文句です。とっさに答えができなくて時間稼ぎをするのに、とりあえず相手を誉めておこうというわけです。日本語だったら、「なかなか鋭いですね」というところでしょうか。

実は多読だけで話せるようになったという人は、ぼくのまわりにはまだ3人しかいません。すでに登場したクラッシェンさんの言うように「多読がすべて」ならば、ひょっとすると多読だけで話せるようになるのかもしれません。楽しみに待ちたいと思います。

聞く力はつきそうな予感があります。何人かの人が、多読をしているうちに、リスニングの練習は何もしていないのに、聞き取る力がついたと言っています。たとえばある学生は、「前は全然わからなかったのに、電車の中で話している外国人同士の会話が大体理解できた」と報告しています。

これはおそらく、英語を和訳せずに理解する癖がついたからだと思われます。音声は発せられるそばからどんどん消えていきます。和訳している余裕はありません。だから多読で培われた「和訳しない」理解力が役に立ったのでしょう。

もう一つ多読が貢献したと思われるのは、「わからないところを無視する力」がついたことでしょう。リスニングでよくあることですが、はじめはついていけても、そのうち聞き取れない語があるとそこでつまずいて、話の流れを失ってしまいます。多読でいい加減さを身につけると、多少聞き取れない部分やわからない部分があっても、動揺することなく内容を追えるのです。

けれどもはっきり「多読で聞く力がつく」と言い切れるほどには材料が集まっていません。これもこれからが楽しみな分野です。

質問8　「書けるようになるか？」

これもまだはっきりした結論の出ていない疑問です。たしかに何人か、多読だけをやってきて、通用する英語を書けるようになった人はいます。

たとえばYさんは、電気通信大学の大学院生だったときに、英語のホームページを作りました。文法のまちがいはところどころにありましたが、その英語があまりに素直に流れているので、ぼくはYさんに「いままでに何語くらい読んだかざっと計算してみてほしい」といいました。

結果は165万語ということでした。読んだものはトールキン（J. R. R. Tolkien）の *The Lord of the Rings*（『指輪物語』）、Ultima Online（「ウルチマ・オンライン」）というインターネット・ゲームのホームページなどです。

Yさんがどれほど英語に慣れていたかを示すエピソードがあります。Yさんのホームページを見て、ぼくはおどろいたので、「よくできたね。これからもこの調子で」というつもりで、うっかり Keep on the good job！とメールを送ってしまったのです。

Yさんはすぐ返信してきました。いわく「先生、Keep up the good job. は何度も見たことがありますが、up の代わりに on も使うのでしょうか？　それとも先生も keep on ～ ing という受験英語の影響を受けているのでしょうか？」

ぼくはこれを見た瞬間に「しまった」と思いました。

それでも悪あがきをして、keep on the good job の例をインターネットで探しましたが、もちろんありません。すべて up を使った例ばかりでした。すぐさまぼくがYさんに脱帽の返信を書いたのは言うまでもありません。

165万語の威力というのは、ざっとこんなものであります。

第7講　6合目
──授業の実際

黄色レベル　graded readers 以外

1000語付近をこえると、graded readers 以外の本、つまり一般のペーパーバックはかなり種類が多くなります。黄色レベルの本は英語国の小学校中学年、つまり8歳、9歳くらいの子ども向けです。その年齢になると、英語国でも自分で選んで読める子どもが増えるのでしょう。さまざまなシリーズが出ているようですが、ぼくもまだそのすべてを把握してはいません。大きな洋書店に行っても、このレベルのペーパーバックは極端に少ないのです。日本の8、9歳の子どもは英語を読まないので、ほとんど需要がないのでしょう。

それでも数十冊はあったので、その中から選んでみました。今後は洋書店がどんどん棚に並べてくれるといいのですが、そうなるには時間がかかるかもしれません。

日本の洋書店で見つからない場合、たとえば Amazon. com には次のようなホームページがあります。手にとってたしかめられないのは不便ですが、見当をつけて購入する手もあります。

Books > Subjects > Children's Books > Ages 9-12

このページを見ると、英語国の小学校中学年から高学年が読む本が山のようにあって、簡単には選べません。しかたありません。えいやっと、ページ数の少ないものを注文してください。100ページ以下の本を選んでみてください。

少年の犬ぞりレース

ぼくが洋書店で見つけた本を紹介しましょう。Harper Trophy というところから出ている *Stone Fox*（邦訳なし、John Reynolds Gardiner 著）は黄色レベルのペーパーバックとして好適だと思います。

時は現代。アメリカ中西部の田舎におじいさんと二人で住む10歳の少年が、病気のおじいさんと家計を救うために、賞金のかかった犬ぞりレースに出場します。じゃがいも畑を切り盛りし、おじいさんの世話をする少年の様子は、いかにもアメリカ開拓時代の子ども像を思わせます。その意味で理想化されているとはいえ、にっちもさっちもいかない家庭の苦しさはある説得力を持っているようです。

なんと、最後のページでぼくは涙が出てしまいました。そんなにたいした本とは思えませんが、「やられた！」と思いました。1980年に New York Times 紙とアメリカ議会図書館から賞を受けています。

テレビドラマ「フルハウス」から

ＮＨＫ教育テレビで人気のあったアメリカのホームドラマ「フルハウス」が一連のジュニア小説になっています。ぼくは見ていないのですが、その中の一番下のメンバー、９歳のミシェルを主人公にしたシリーズがあります。このシリーズには30冊以上あるので、もし気に入れば相当な量を吸収できます。いくつかすすめられる点を挙げましょう。

まず字が大きく、ページ数が80ページほどと少ない。挿し絵こそないものの、これは大きな利点です。次に、これは当たり前ですが、アメリカの日常生活で使われる言葉がふんだんに出てきます。

そして会話がたくさん出てくるのに、スラングは極端に少ないことも、わたしたちにはとっつきやすいところです。アメリカの小学生はこんなにきれいなしゃべり方はしないだろうと思います。教育的な配慮が働いているのでしょう。それがぼくたちには幸いしています。ミシェルもお姉さんもちょっといい子すぎます。まあ、その分読みやすくなっていると思って、目をつぶりましょう。

「フルハウス」の登場人物を主人公にした小説には、そのほかに、

* Michelle とその友だちを主人公にしたシリーズ（“Michelle and Friends”）
* Michell とお姉さん Stephanie の二人を主人公にしたシリーズ（“Michelle and Stephanie”）
* Stephanie を主人公にしたシリーズ（“Stephanie”）

＊Stephanie とその友だちが主人公のシリーズ
(“Club Stephanie”)

もあります。どのシリーズも何十冊と出ていて、順番に読んでいくことができるので、あとの講で紹介します。

また男の子向けにもたくさんのシリーズが同じように年齢別に出ているようですが、まだ手に入れていないので紹介できません。資料編に紹介するホームページで最新情報を入手してください。

ジュニア小説で何が得られる？

たかがジュニア小説と言わないでください。英語に慣れることを優先すれば、語彙を増やすのにも最適です。たとえば “Michelle” シリーズの *The Wish I Wish I Never Wished* (Pocket Books 社) という巻には、9歳のミシェルと13歳のステファニーがけんかをするところが出てきますが、そこを例にとってみましょう。

なにしろ大家族なので、二人は一つの部屋を分け合っています。そして「わたしのものを勝手に取った」「取らない」の騒ぎになります。姉のステファニーが「わたしのものを勝手にいじらないでよ」という場面で、「いじる、ひっくり返す、のぞく」などの言葉が頻出します。あるページに出てくる表現を並べてみましょう。囲みの中だけ注目してください。

・Dad, can you please tell Michelle to stay out of my things?

- It's not fair to have her [Michelle] going through my stuff all the time.
- I wasn't going through your stuff.
- You were too going through my stuff.
- I caught you looking in my desk three times this week.

こうした決まり文句が1ページの中に出てきたあと、そこから2ページおいて、お姉さんの持ちものをのぞかないと約束したばかりなのに、ミシェルはまた捜しものをしなければならなくなります。

- Even after I promised never to go through Stephanie's desk again?
- But this is different, Michelle told herself. This wasn't snooping.

その次のページでは、妹が約束を破ったところを見つけ、ステファニーはいよいよ怒ります。

- Michelle! I can't believe you're snooping in my stuff again!
- You just promised you wouldn't go through my things!

ステファニーが怒るのももっともです。二人の興奮したやりとりの中で、おなじ行為を表すのにいくつかの表現が使われています。読む人は知らず知らずのうちに言葉と言葉の関係を吸収していくはずです。

この例でいえば、stuff と things が同じ意味で使われているとか、go through と look in と snoop は同じ意味らしく、stay out of は逆の意味らしい、といったことです。さらにミシェルが promise する部分を原文で読むと、胸で十字を切る動作が描写されているので、promise は「約束」よりも強い意味、たとえば「誓う」に近い意味で使われることも体にしみこむはずです。

もう一つ大事なことがあります。それは同じことを表現するのに、英語はぴったり同じ言葉を使うことを避けます。これは英語の先生から聞いているかもしれませんが、こうしたジュニア小説でその生きた例に触れることができたわけです。

なお、going through my stuff が3度も並んで使われているのは「同じ言葉の繰り返しを避ける」規則に違反しているように見えます。これは言い争いになったので、相手の言ったことをそのままオウム返しにして、強調している例です。よくよく見るとずいぶん「勉強」になるものです。

1冊の本を流し読みすると、こういう勉強が意識せずにできるところがすばらしいのです。もちろんこの場面だけで今書いたことすべてが学習できるわけではありませんが、同じような場面、同じような表現はきっとほかの本にも出てくることでしょう。何回か出会ううちに、stuff も、snoop も、stay out of も、使い方が腑に落ちるのです。そして同じ表現を繰り返さないという英語の癖もわかってきます。

警告！

上の例は、読みはじめてすぐ、5ページから9ページに出てきました。この種の発見は *The Wish I wish I Never Wished* 全体ではいくつあるかわかりません。けれどもここでまた警告します。「お勉強」はしないこと。すべてゆっくり自然に体にしみこむのを待ちましょう。

もう一つ、異色のペーパーバックを紹介しておきます。アメリカの「ファンタジーの女王」と呼ばれる Ursula K. Le Guin（アーシュラ・K・ル＝グィン）が書いた *Catwings*（『空飛び猫』）、*Catwings Return*（『帰ってきた空飛び猫』）、*Wonderful Alexander and the Catwings*（『素晴らしいアレキサンダーと、空飛び猫たち』）の3冊です。第1巻の最初の文章はやさしくて、

> Mrs. Jane Tabby〔猫です〕could not explain why all four of her children had wings.

というのですが、そのあとは黄色レベルをはるかに越える言葉が使われています。たとえば evasive、fledgeling、descended などです。

ところが学生たちはこの本を喜んで読みます。たぶん薄くて、日本の文庫本くらいの大きさで、装幀がきれいで、銅版画のような味わいの挿し絵がたくさん入っているので読みやすく感じるのでしょう。わからない言葉を

無視する練習にはちょうどよい本だと思います。

Ursula K. Le Guin は「ゲド戦記」シリーズ（岩波書店）で名が知られていて、ＳＦ好きな人たちの間でもよく知られています。ですから "Catwings" のシリーズは、大きな洋書店なら置いているはずです。ぜひ手にとって、ながめて、気に入ったら読んでください。

パフィン文庫

さてイギリスに移るとどんな本があるでしょう。まずは Puffin Books から見ていきましょう。黄色レベルになると Young Puffin Books をこえて、Puffin Books の薄目のやさしいものが読める範囲に入ってきます。

つまりかなりたくさんの本があるわけですが、日本に入ってきているのはイギリスでもベストセラー作家の作品が主です。たとえば Dick King-Smith（ディック・キング＝スミス）……。

この人はイギリスの幼年から少年向けの物語をたくさん書いているベストセラー作家です。いちばんよく知られているのは映画「ベイブ」の原作 *The Sheep-Pig* でしょう。この本はイギリスのガーディアン賞を受賞しています。映画とはちがった田舎の雰囲気がとても好もしい本です。正・続２本の映画の簡約版が出ていて、どちらも Penguin Readers のLevel 2 になっています。

ディック・キング＝スミスさんはもとは農場をやっていた人で、イギリスの田舎と農場の動物たちを描くのが得意です。Puffin Books の原書 *The Sheep-Pig* は、黄色レベルにはちょっとむずかしいでしょう。しかし

Puffin Books の中には活字の大きい、やさしい作品があるので、その中から読んでいきましょう。

たとえば *Mr Potter's Pet*（ポッターさんのペット）は、九官鳥の話で、ダールの *Esio Trot* と同じように中年男女の恋愛ものです。仲を取り持つのが九官鳥だというわけです。学生が読んでいますから、ちょっと感想を聞いてみましょう。

「わからない単語は結構あったけど、内容はだいたいわかった。」

「Everest〔九官鳥〕がしゃべらなくなるかと思ったけど、違ったので良かった。〔Everestが〕酔っ払ったのがかわいい!!!」

また、おなじ Puffin Books の *Philibert the First*（フィリバートI世）という本にはセイウチが登場します。これは短編集なので、読みやすそうですが、話が少々ファンタジー風のところが、ぼくはかならずしもわかりやすいとは思えません。ところが学生はこんな感想を書いています。

「内容が多彩で面白かった」

「ショートストーリーがいくつもあって飽きなかった」

恐竜を追う人たち

以上はすべてフィクションでしたが、次に挙げる

Random House 社のシリーズに貴重なノンフィクションがたくさん入っています（このシリーズは橙以下でも紹介してきました)。

＊STEP into Reading Step 4　　Random House 社

これはアメリカの小学校中学年向けの副教材とも言えるシリーズで、世界史、スポーツ、科学などの分野からいかにも子どもたちの好奇心をそそりそうな題材を選んであります。

全部は手に入れていませんが、野球では *Baseball's Greatest Hitters*、*Baseball's Greatest Pitchers* があり、ゴルフではタイガー・ウッズ、さらにホッケーの話題を取りあげた本もあります。歴史では *The Trojan Horse* でトロイ戦争がとりあげられているとか思えば、ケネディー大統領暗殺をあつかった *Who Shot the President ?* という本も入っています。

ここでは科学の話題から *Dinosaur Hunters* を紹介しましょう。子どもたちは恐竜が大好きですが、化石生物の話題で化石を探す人たちに焦点を当てているところが工夫です。19世紀半ばの「恐竜の狩人たち」が、ちょうど当時の金を探す山師たちと同じような「山師」だったことも書かれていて、楽しい読み物になっています。

ノンフィクションには物語とはちがうむずかしさがあります。多読研究者の中にはノンフィクションは多読教材には適さないという人もいるほどです。ノンフィクションのいちばんむずかしいところは、物語とちがって筋や流れがないことでしょう。そして「知らないこと」を知る喜びのために書かれているので、背景知識がかなりないと読みにくく感じてしまいます。けれども背景知識があり、その分野に興味があれば、ぜひ手にとって読みはじめてください。

ロアルド・ダールから

最後にロアルド・ダールの作品を挙げておきます。第5講で紹介したダールの作品はだいたい70ページくらいのものでした。黄色レベルの作品はそれより少しだけ増えて90ページくらいになっています。

The Giraffe and the Pelly and Me
(『こちらゆかいな窓ふき会社』)
George's Marvellous Medicine
(『ぼくのつくった魔法のくすり』)
Fantastic Mr Fox(『父さんギツネバンザイ』)

黄色レベルで紹介した3冊よりも多少挿し絵が少なくなっていますが、絵だけである程度話の筋はわかります。例によって言葉遊びはあちこちに出てきますから、リズムを楽しむもよし、無視するもよし……。

授業風景——ただ座って読んでいる!

上にいくつか引用した感想は電気通信大学の学生の感想です。ぼくはいま高校生と大学生と社会人を対象に「めざせ100万語!」の講座をやっています。ここでは大学のある授業について報告しましょう。

この授業は約20人が参加して4カ月間、毎週1回集まります。あいだに行事や休みが入るので、実際に教室でおこなう授業は13回くらいでしょうか。

「めざせ100万語！」が進行中の教室風景はとても変わっています。ひどく静かです。小さな教室の壁沿いに椅子がぐるっとならび、学生は椅子に座って graded readers や一般のペーパーバックのやさしいものを読んでいます。

学生用の机はありません。白板の前にだけ長い机があって、そこに数百冊の本がおいてあります。1冊読み終わると、学生は毎週1枚配られるB6カードに題名を書き、読み終わった本を机の上にもどし、新しい本をとっていきます。基本的には90分のあいだそうやって、次々と本を読んでは読み終わった本の題名を書き、新しい本を読む、その繰り返しです。

静かなはずです。一人一人がそれぞれのペースで読むことになっているので、ぼくが全員に話しかけることはめったにありません。ほかの人が本を読む邪魔にならないかぎり、何をしていてもいいことになっていますから、本を開いたまま眠っている人もいます。耳にイヤホンをして音楽を聴きながら読んでいる学生もいます。

先生は何をしている？

ぼくは歩きまわりながら、学生がどんな本を、どんな風に読んでいるか、観察します。ゆっくり、読書の邪魔をしないように歩いているだけですが、実は頭の中ではいろいろなことを考えています。
「お、Ｐくんはいよいよ赤レベルの上級に挑戦か……」とか、「Ｑくんはさっき橙レベルの800語を持っていったけど、難渋してるようだ。ページのめくり方が遅いな」とか、「Ｒさんは眠いのをがまんしているらしい。しばらく寝てなさいと言おう」とか……。
ときどき助言をします。たいていはこんな具合です。

「へー、その本を読みはじめたんだ……むずかしくない？　読みにくかったらやめていいんだよ」
「いま読み終わった本、全部で何分かかった？……20分か……そうすると１分間に120語くらいだからいいペースだね。快適な速さだったろ？　しばらくおなじレベルの本を中心に読もう」

ときには話しこみます。

「どう、その本。おもしろい？　そう、ぼくもその本、好きでね。実は原作も読んでるんだけど、graded readers だと挿し絵がちょっとね、不気味だね。原作の挿し絵は白黒の線画で、『クマのプーさん』の絵も描いてる有名な挿し絵画家なんだけど……」という具合に話が長くなると、「先生、だまっててくれ」

という目つきでぼくを見る学生がいます。ぼくは声が大きいので、できるだけ話さない方がいいのですが、つい……。

学生を解放してあげること

こうしたゆったりとした雰囲気の中で読んでいると、赤レベルの初級の本なら１回の授業で200ページくらい読む人もいます。けれども、最初からそんなにたくさん読めるわけではもちろんありません。はじめは「なにをしてもいい」授業環境にとまどいます。眠くなったら眠っていいんだよ、と言っても、小さい教室で、先生がしょっちゅう回ってくるので、なんとか目を覚ましていようとがんばります。見ている方もつらくなります。

「眠いときは無理をしないで、寝てていいよ。いちばん大事なのはこの授業の間に何をするかじゃない。本を持って帰って、次の授業までにどれだけ読んでくるかだからね」ということを繰り返し言い続けると、何週間かあとには、みんな堂々と寝るようになります。ただ、よくしたもので、授業中ずっと寝続ける人はまずいません。みんな何十分かすると目を覚まして、また読みはじめるのです。

毎週１人１枚提出するＢ６カードは、表に読んだ本の題名がならび、裏には意見や感想や近況報告を書いてもらいます。すると、学期はじめはさまざまな疑問が出てきます。ほとんどが、普通の英語の授業と違う点を「なぜ？」とたずねる質問です。その一部は第６講に書きました。

ぼくは次の授業までに１枚１枚に返事を書き、みんなに向かって答えた方がいいものは、次の授業中にみんなに向かって説明します（ぼくが全員に向かってしゃべるのは、基本的にこのときだけです)。

これを繰り返していくうちに、遅かれ早かれ、「辞書を引くな」も、「英文和訳するな」も、「わからないところは飛ばせ」も次第に浸透していきます。そして「言われているとおりにしているうちに英語を読むのが苦ではなくなった」と思いはじめます。

そして遅かれ早かれ、無理にレベルを上げなくていいのだ、ということがわかってきます。そこでようやく学生たちは、成績や先生のためではなく、自分のために、勝手に、読みやすい本だけを読みはじめるのです。

もちろん、ただ本を読み続けることがたちにあわないのか、出席しなくなる人、出席はするけれど途中から眠ってばかりの人もでてきます。

「続ければなんとかなりそう!」

けれどもほとんどの人は「これを続ければ本当にペーパーバックを読めるようになるかもしれない」と感じてくれるようです。その理由はいくつかあります。

たとえば20人いると、多読が性にあうのか、どんどん読んで着実にレベルを上げていく人が2、3人はいます。そういう人たちとぼくとの会話を聞いているうちに、「自分にもできるかもしれない」と思いはじめるわけです。

また、ある程度学期が進んでから、学期開始直後に読んだ本をもう一度手に取ることがあります。すると、「たしかに前よりさらさらと読める!」という実感が得られます。ある年のこのクラスで、コース終了時にこんな感想がありました。

「最初から自信がなかった。でも今は英文を読む恐怖感みたいなものがなくなった。科学英語クラスの読解でも読むのが楽になりました。」

この授業では8割もの学生が、「先生の次の学期の授業を取る」、「研究室に来て本を借り続ける」、あるいは「図書館の本を借りて、『めざせ100万語！』を続けたい」と言っています。

授業以外が鍵

上の感想は、1学期（10月から1月）でピンクレベルから橙レベルまで、全部で1000ページちょっと読んだ、平均的な進度の人の感想です。もっとたくさん読んだ人は、1学期で2000ページをはるかにこえます。レベルも相当上がります。青レベルからその上まで行く人もいます。もちろん数百ページしか読まない人もでてきます。そういうさまざまな「成果」について、紹介しておきましょう。

たくさん読む人は、もちろん授業以外の時間に読んでくる人たちです。ここで紹介しているクラスでは2人が「ハリー・ポッター」を読みはじめました。ほかに1人が青レベルの *Matilda* を読みました。読む速さは分速150語をこえています。

失速！

授業のはじまりは、まず席について、新しいＢ６カードにその日までの１週間に読んだ本の読書報告を書くことからはじまります。ぼくは教室を回って一人一人のカードを見ながら、読んだ量の確認をします。少ない人には、なぜ少なかったのか聞きます。「実験のレポートがあって……」というような理由には、「じゃ、時間のある週には読もう」とだけ言います。理由があって読んでこないのは少しも問題ではありません。このごろの大学生はなにかと忙しいのです。

ちょっと気をつけなければいけないのは、むずかしすぎるものを持って帰ってページ数を稼げなかった人。そういう人には「じゃ、きょうはやさしめの本をたくさん読むこと」と言います。

しかし、なんといってもいちばん警戒しなければならないのは、300ページも400ページも読んできた人です。意欲は買いますが、そういう人はよく「失速」するのです。反動でぱたっと読まなくなることはめずらしくありません。過熱しないように指導しなければなりません。「めざせ100万語！」の一つのキーワードは**「失速」**です。

英語学習意欲の高まり

失速は意欲がないのではありません。むしろ逆です。数年前から、学生の英語学習意欲はすさまじい高まりを見せています。「何かうまい方法があるなら、なんとか英語くらいはしゃべれるようになりたい」とか、「英語の論文を読めるようになりたい」という学生が増えているのです。いま世間を熱狂させていると見える TOEIC 熱は、確実に学生にも広がっています。

学生の中にはぼくのクラスに過大な期待を持って来る人がいて、つい張り切りすぎてしまいます。1週間に400ページも読む学生がいますが、その間ほかのことは何もできないようです。これは無理があって、2、3週間は続くとしても、かならず緊張の糸が切れて、もう一度多読にもどるまでに何カ月もかかることさえあります。量もレベルも決して急いではいけないようです。

じっくり型

逆にとんでもないじっくり型の人もいるからおもしろいものです。20人くらいのクラスでは、ピンクを全部読んでからでなければ赤には進まない、赤を全部読んでからでなければ橙には進まないという人が、かならず1人か2人はいます。

だから、学期の終わりには、「ハリー・ポッター」の第3巻を読んでいる人のとなりで、赤レベルの初級を読んでいる人がいる、という愉快な風景が見られます。しかもそのまたとなりで、日本の漫画で多読をやっている留学生もいます。

けれども、じっくり型の人を急がせることはできるだけしません。「大事なのはレベルを上げることではなくて、量をたくさん読むことだよ」という助言は毎週のように学生の誰かに言っています。

じっくり型の人は、クラスのほかの人が「ハリー・ポッター」を読んでいようと、橙や黄色に進もうと、一向に気にしません。この人たちは上のレベルへと急ぐことはしません。ただ淡々と、しかし毎週200ページも300ページもやさしい本をこなしていく様子は、いっそさわやかで、見ている方も安心感があります。

ほかの人たちは自分でなにか英語獲得の目標を定め、いつごろまでにそこへ行く、という努力をしているように見えますが、じっくり型の人はどうも時間にはとらわれていないように見えます。自分で納得できる読み方ができるまで、上には行かないのです。この人たちはとてつもなくしっかりした土台を固めています。ほかの人たちがある程度固めた土台の上に建物を造り始めているのに、その横で黙々と土台固めを続けているのです。その上にどんなに高い建物でも建つのではないかと思われます。「めざせ100万語！」の真骨頂というべきでしょう。

よい面ばかり書きすぎました。つぎの講では「めざせ100万語！」のマイナス面と、避けるべきことについて書きましょう。また、高校生や社会人のクラスについてもお話しします。

第8講　7合目
――多読授業の落とし穴

緑レベル　graded readers

1500語付近をこえて2000語までのgraded readersは、もう普通のペーパーバックと変わらない内容を持っています。さすがに長編の簡約版はまだ少々短すぎる感がいなめませんが、短編集は立派に読書として楽しめます。

次のシリーズがあります。

*Penguin Readers シリーズ、　Level 4（1700語）
*Oxford Bookworms シリーズ、　Stage 5（1800語）
*Cambridge English Readers シリーズ、
Level 4（1900語）

三つのシリーズを合わせると、70冊ほどあり、Penguin の映画もの、Oxford の名作、Cambridge の創作もの、どれから選んでも十分に楽しめるはずです。100語ずつ上がっていくのも、滑らかで登りやすく思われます。いくつか紹介しましょう。

Penguin から

アメリカの人気作家スティーブン・キングの作品がいくつか graded reader になっています。たとえば映画「スタンド・バイ・ミー」の原作 *The Body*（Penguin Readers Level 5、青レベル)、映画「ミザリー」の原作 *Misery*（Penguin Readers Level 6、青レベル）などです。緑レベルに入っている *The Breathing Method*（「マンハッタンの奇譚クラブ」）はスティーブン・キングのファンには見逃せない graded reader でしょう。

キングのファンだから未訳のペーパーバックを読めるようになりたいという人は少なくありません。そういう人はこの本で弾みをつけて、青レベルの *The Body* と *Misery* に挑戦するといいでしょう。もちろん翻訳を読んでから、または映画を見てから、あるいは両方のあとでもかまいません。

なお、青レベルの *The Body* を読んだ学生は「最後が映画と違うんだ……」と一行感想を書いていることを付け加えておきます。映画しか見ていない人には、原作の結末を知る簡便な手でもあります。

Oxford から

Oxford Bookworms は20冊ほどあり、その中にアイザク・アシモフ（Isaac Asimov）の SF、*I, Robot*（『わたしはロボット』）が入っています。ちなみにこの題名は、夏目漱石の『吾輩は猫である』にとても近い感じがあります。*I, Cat* とすると *I Am a Cat* という訳よりも合っているのではないでしょうか。猫ごときがなんという偉そうな口ぶりを、と思って読みはじめると、名もない猫が人間どもを実に皮肉に観察しています。*I, Robot* もよく似ていて、この短編集にはうまくできているような、できすぎのようなロボットが人間を翻弄する話が載っているのです。

ぼくは多読授業の評価用にと、何十年ぶりかで読んだのですが、途中から教材としての評価は忘れて読んでしまいました。SF がただ科学の未来を描いているのではなく、人間そのものを機械にぶつけ、知恵を人工知能と対決させ、心を実験台にのせていることがよくわかります。

SF ですから、場面の設定もそこで起きることも、ぼくたちの経験の範囲をこえています。予想がつきにくい分、少しだけむずかしいとはいえ、先を楽しみに次々とページをめくりたくなる本だといっていいでしょう。

英語の出版物でうらやましいと思うことの一つに、一流の学者が一般読者向けにどんどん啓蒙書を書いて出版しています（そういうことを軽蔑する学者はもっとたくさんいるようですが)。宇宙論のホーキング（S. Hawking）はご存知でしょうが、ほかにも進化論のスチーブン・J・グールド (S. J. Gould)、リチャード・ドーキンス（R. Dawkins)、数学者のロジャー・ペンローズ (R. Penrose)、イアン・スチュアート（I. Stewart)、物理学者のポール・デイビス（P. Davies)、ブライアン・グリーン（B. Greene)、デイビッド・ドイッチ（D. Deutsch）といった人たちが、精魂込めて読みやすい科学啓蒙書を書こうとしています。いつか読みたいペーパーバックのリストに、ぜひこういう自然科学書も入れてはどうでしょうか。

I, Robot の作者アイザック・アシモフはガモフ（ホーキングさんによるとガモフがノーベル賞を取らなかったのは不思議とのこと）とともに、ぼくの世代のアイドル的科学読み物作家でした。SF だけでなく、啓蒙的な科学読み物の作家としてもすばらしい人です。文章は読みやすく、いつも直接読む人に話しかける文体です。そして、自分がおもしろいと思うことを、そのまま楽しそうに書いているところがすばらしい。内容も語り口もいつか読んでほしい作家です。*I, Robot* はその第一歩になりえる1冊です。

ほかに Oxford からはチャールズ・ディケンズの *David Copperfield*（『デイヴィッド・カパーフィールド』）、*Great Expectations*（『大いなる遺産』）、エミリー・ブロンテ（Emily Brontë）の *Wuthering Heights*（『嵐が丘』）などの名作、アメリカの女性作家サラ・パレツキーが書いた、女私立探偵ウォーショースキーが主人公の *Deadlock*（『レイクサイド・ストーリー』、イギリスの男性刑事モースが主人公の *The Dead of Jericho*（『ジェリコ街の女』）などがあり、興味は尽きません。

特にチャールズ・ディケンズの作品は、いまはあまり読まれていませんが、実は山崎豊子のように読みやすく、吉川英治程度には中身があり、シドニー・シェルダンよりはるかにおもしろいのです。100年以上も読み継がれる大衆作家はめずらしいと思いますが、ディケンズはその中でも読む価値のある人だと思います。19世紀の文章ですから決してやさしいとは言えませんが、graded readers で関心を持ったら翻訳を読み、ぜひいつか原作に取り組んでください。

Cambridge から

Cambridge シリーズの特徴は、大人向けで、ミステリーなどの創作が多いことでした。このシリーズは冊数は少ない（青レベルで 9 冊）ものの、読んだ人にはとても好評です。その中から *The Amsterdam Connection* を紹介しましょう。

これはあるイギリスの新聞記者が友人の元記者の死を不審に思い、オランダのアムステルダムへ飛んで謎を探るというミステリーです。ちょうど第 4 講で紹介したおなじ Cambridge 版の *Logan's Choice* に似ています。出来もほぼ同じくらい。押さえた語り口がイギリス・ミステリーの王道を思わせ、しかもアムステルダムの観光案内をちょっと兼ねているところもおもしろい理由です。

主人公は昔空手を本格的にやっていた女性で、おなじ Cambridge の Level 6 にはその名も *Death in the Dojo*（またまた頭韻！）というミステリーで再登場し、ロンドンで空手を教えていた Kawaguchi-sensei の死を探ります。年老いたとはいえ隙はなかったはずの道場主を一突きで倒した犯人はだれか？　Cambridge 版のミステリーはまことにイギリス・ミステリーの恰好のひな形になっています。

映画「依頼人」の簡約版

Penguin のシリーズから *The Client* を紹介しましょう。こちらはアメリカのベストセラーへの入り口です。ついでに、生きた英語が学校英語とどうちがうかを見ていきましょう。原作はいまアメリカで人気の作家ジョン・グリシャム（John Grisham）が書いた法廷もので、「依頼人」という題名で映画にもなりました。

原作にくらべると、どうしても展開がばたばたする感はありますが、ぼくは原作も映画も知っているので、あいだを埋めながら十分楽しみました。ぜひ映画を見てから読むことをおすすめします。

この映画は、執念深いマフィアと強引な検事の両方から身柄を危うくされた少年が、なんとか自分と家族の安全を守ろうとするサスペンスです。主人公は、ある弁護士に助けを求めます。「依頼人」すなわち11歳の少年です。ハラハラドキドキのスリルというよりは、巨大な力に押しつぶされそうになる恐怖感の物語ですが、ぼくがいいと思うのは、むしろこの幼い依頼人とそれを守ろうとする中年の女性弁護士（元アルコール依存症患者）の信頼関係です。ジョン・グリシャムは決して一流の作家だとは思いませんが、この設定のすばらしさには脱帽です。

少年、弁護士を探す

マフィアの秘密を知ってしまった少年 Mark が、弁護士を求めてある建物の中をうろつく場面を見てみます。最初に入っていった法律事務所は、アメリカでいう

ambulance chaser、つまり救急車のあとを追いかけていって、交通事故の被害者の弁護を引き受け、賠償金の一部を懐に入れる低級な弁護士の事務所です。ここでは子どもが入ってきたというので、次のような応対を受けます。

Mark entered the office. It was crowded with sad, sick people. Just like the hospital.
'What do you want?' said someone rudely.

1700語レベルともなると、rudely なども出てくるわけです。What do you want? に注目しておきましょう。

結局冷たくあしらわれて、この事務所を出ていきます。上の引用から20行ほど下では、もう一つの弁護士事務所の応対が描かれます。

A young man with a tie but no jacket sat behind a desk. 'May I help you?' he said quite pleasantly.

先ほどの事務所とはちがって、こちらでは May I help you? と挨拶が変わっています。そしてその口調は pleasantly と説明されています。

1ページの中でこんな風に対照的に描かれる応対のちがいで、What do you want? は思いやりのない無礼な言い方で、May I help you? は聞いた人の気持ちが和むような言い方だということがわかります。

もちろん学習途中の人がこのページを読んだだけでは、

そこまで読み込めないかもしれません。けれども、こういう場面をほかの graded readers や、ジュニア小説でも見かけるうちに、少しずつ二つの応対のちがいが体にしみこんでいくのです。

たとえば第7講で紹介した *Mr. Potter's Pet* の中にこういう一節があります。ポッターさんがペットを買いにペット屋さんに入ったとたん、ひどい応対をされます。

> "Shut that door !" cried a loud angry voice as he entered the shop...

ポッターさんはこう思います。

> ...that shopkeeper is a very rude fellow.

ところが失礼な声の主は店の主人ではありませんでした。

> However, when Mr. Potter turned round, he thought the shopkeeper looked a polite sort of person, who smiled and said in quite a different tone,
> "Good morning, sir. What can I do for you ?"

実は無礼な口をきいたのは九官鳥で、結局ポッターさんはこの口の悪い鳥をペットとして買うことになるのですが、注目してほしいのは、*Mr. Potter's Pet* の中でも *The Client* と同じ rude そして polite が並んで出てきていること、そして polite な応対の方に What can I do for you？という挨拶が使われていることです。

たくさん読むと、こんな具合に場面と言葉づかいが、知らず知らずに頭にしみこんでいきます。何冊も何冊も読むうちに、こうしたことは数限りなく起きていると思ってください。

Repeat の意味を知っていますか？

もう一つ、*The Client* にもどって、辞書によらずに言葉の理解が深まっていく例を見ましょう。repeat という語はほとんどの人が知っていると思います。けれども次の文では「繰り返す」という訳語では話が通じません。

> 'If I tell you something, will you ever repeat it?'

これは少年が女性弁護士 Reggie に向かって言った言葉ですが、「もしぼくがあなたに何か言ったら、それを繰り返すことはあるの？」というのでは何のことかわからないでしょう。この repeat は、学校英語ではまず絶対出てこない使い方なのです。

英和辞典をくわしく見れば出てきますが、辞書によってはわかりにくい書き方になっています。

本の先を読んでみましょう。

> 'If I tell you something, will you ever repeat it?'
> 'Of course not.'

'Never?'

'Only if you tell me I can repeat it. Talking with a lawyer is like talking to your doctor. What we say is secret, and held in trust. Do you understand?'

'What if I tell you something that no one but me knows?'

'I can't repeat it.'

'Something the police really want to know?'

'I can't repeat it,' she said again.

上の英文のつながりだけで、repeat がここではどういう使われ方をしているのか、発見することはむずかしいかもしれません。翻訳を読んだり、映画を見たりしなければわかりにくいかもしれません。けれどもひょっとすると「口外する」という日本語とおなじ使われ方をしているのだとわかるかもしれません。

そのヒントは、たとえば四角でかこんだ、

Talking with a lawyer is like talking to your doctor. What we say is secret, and held in trust.

という部分にあります。repeat が「口外する」と同じような使われ方をするときは、secret という言葉がよく付き添っています。そのあたりから repeat の、時々しか使われないけれども印象的な使い方が納得できます。

そして、この本を読んだだけでは repeat の意味がわからなかったとしても、ほかの本で同じように使われているのをきっと見つけることでしょう。“Michelle” シリーズのようなジュニア小説には、きっと何度もこのrepeat が出てくるのではないかと思われます。どこかで何度か見かけるうちに、いつかわかれば、すぐにはわからなかった分だけ心の奥深くに沈んでいくにちがいありません。それが「言葉の意味を知る」ということでしょう。

ジョン・グリシャムの作品の中にもう一つ、読みはじめたら止まらないサスペンスがあります。*The Firm* といって、Penguin Readers の graded reader 版（2300語レベル）が出ています。この作品も「ザ・ファーム／法律事務所」の名で映画があり、翻訳も出ているので、翻訳を読んで、映画を見て、graded reader 版を読んで、それから原書を買って、本棚に飾っておくことをすすめます。

多読授業の落とし穴

「めざせ100万語！」の授業をはじめて3年間のあいだに、いつも驚かされてきたことがあります。それは受講生の能力です。これまで常に「上方修正」をしてきました。

Catwings の例でわかるように、ぼくがこれは読めないだろう、まだ早いだろうと思うものを平気で読みこなすのです。まだまだぼくは学生の外国語獲得能力の上限を知ってはいないと思います。

逆に下限も知りません。つまり学生がどこでつまずくかもまだよくわかっていません。そのために「めざせ100万語！」の授業には失敗もいろいろあります。前講では多読授業の実際とその成果を書きましたが、ここでは落とし穴の話をしましょう。

多読は高くつくか？

まず第一に、多読教材そのものの欠点がいくつかあります。代表的なところでは、やさしいものは高くつく、子どもっぽい内容のものが多い、ノンフィクションが少ない、英語に多少無理がある、といったところでしょうか。

やさしい本はページ数が少なく、読むのに時間がかからないので、単位時間あたりの費用は相当高くなります。ある人の計算では、ピンクレベルでは1分80円ということですから、1時間に直すと4800円！　つまり英会話学校並みということになります。

けれども仲間を作ることで、これはどんどん安くすることができます。それに赤レベルの上級まで行けば、概算で1分10円以下になるでしょう。もっと上に行けば、どんどん安くなるので、100万語までに100冊読んだとして、本代は6万円くらいのものでしょう。効果を考えれば、ほかのどんな学習法より安いと思われます。

内容が子どもっぽい

内容が子どもっぽいという点は、いかんともしがたいところがあります。これは根本的には日本の英語教育に問題があります。大学生や社会人が絵本からはじめなければならない不合理が解決されないかぎり、手はありません。せいぜい、やさしいレベルにもいくつか名作はあり、英語でいう kids of all ages、つまり「子どもの心を持った大人」ならば楽しめるものもあると言うしかないでしょう。ただし、赤レベルの上級まで我慢できれば、Cambridge のシリーズ（400語）は大人向けに書かれています。

ノンフィクションの少なさは、なんとかならないものかと思います。学生が多読授業に乗ってこない理由のいちばんよく聞く不満は、内容が子どもっぽいということですが、ノンフィクションの少なさも大きな不満の原因です。これについては赤レベルの上級にはオックスフォードの Factfiles シリーズがあり、ランダムハウスの STEP into Reading シリーズにもノンフィクションがあることを思い出してください。今後ノンフィクションをふやしてもらうように出版社にお願いはしています。

英語が不自由

英語に多少無理があるのは、語数制限や文法制限のためです。graded readers はそうした人工的な言葉が使ってあるというので、graded readers を使うことに反対する先生や学者もいるようです。

たしかに多少無理はありますが、利点の方がはるかに大きく、また平行して子ども向けのペーパーバックも一緒に読めば、心配はまったくいらないでしょう。

さまざまな壁

教材から学習者に目を移すと、ここにも問題があります。多読授業はなによりも量を吸収したいのに、どんどん読みすすめられない人がかならず出てきます。

毎週書かせる感想を読んでみると、たいてい二つの壁が滞りの原因になっているようです。一つは心理的なもので、「字が多い」とか「絵が少ない」といった見かけの近づきにくさがあります。もう一つは知らない語にとらわれて上のレベルに行けない場合です。

絵本から離れられない！

心理的な壁の中で具体的なものを紹介しましょう。絵の多い本しか選ばない人がいます。ピンクレベル、赤レベルは、1冊はすぐ読み終わってしまうので、たくさん用意しています。それがわざわいして、ピンクレベルや赤レベル初級の、絵本に近い本しか読まない人が出てきます。

その結果、赤レベルの上級にある Oxford Bookworms の Stage 1 や橙レベルになかなか飛びこめなくなります。ピンクを全部読み、赤の初級を全部読むという「じっくり型」の人と区別がつきにくいこともありますが、だいたいは読む量が少ない人たちです。

気をつけていればわかるはずですが、クラスの人数が多いと、見逃してしまいます。50人のクラスでは、ずいぶんそうした見逃しがありました。本は多いにこしたことはないので、それが心理的な壁の発見を遅らせるというのは、痛し痒しというところです。

知らない単語をとばせない！

それに対してもう一つの壁、つまり「知らない語にとらわれてしまう壁」は少し問題が大きいと思われます。じっくり型の人と見分けがつきにくいのですが、とくに英語の勉強を一生懸命やった人がそういう壁を作ってしまうことが多いようです。

まじめに英語を勉強した人の中に graded readers に捕まってしまう人たちがいます。橙レベルまで読めれば、英語国の小学校低学年向けのペーパーバックは読めるはずなのに、graded readers ばかり選んで読む人たちです。

graded readers は使用語数が制限されていて、知らない語がほとんど出てこないし、文の形も限られているので、安心なのでしょうか？　100%理解できないと不安なのではないかと推測しています。

そういう人たちには「わからないところは飛ばす」と言うだけでは不安をあおるだけになってしまうので、なんとか辞書と文法を安心して捨ててもらわなければなりません。それをぼくは unlearn と言っています。

unlearn の必要性

少しでもわからない語がでてくるのがいやで、上のレベルになかなか上がれない人があります。

そういう人の悩みを先生が見抜くのはなかなかむずかしく、ぼくもかなりの人を見逃していると思います。

そこで、いまはむしろ予防策の方が大切だと思うようになりました。つまり、まじめに勉強してきた英語が実は生きた英語ではなかったのだということを、授業のはじめの方で説明する必要があると思われます。それがunlearn です。

『どうして英語が使えない？』でも unlearn の必要性については書きました。辞書と文法に頼って和訳する習慣がついている人には、どうしてもその二つが邪魔になることを納得してもらう過程が不可欠なようです。その実際は第13講以下で説明しています。

高校生や社会人は？

さて、「めざせ100万語！」コースの明と暗を書いたところで、高校生と社会人を対象にした読書指導の話をしましょう。

基本的には大学のクラスと同じことをしています。けれども、どちらも希望者だけが、単位も成績も関係なく受講するので、成果は出やすいように思われます。

たとえば高校生クラスは３カ月、つまり週１回全10回のコースでしたが、終了後９カ月多読を継続した人は半分をこえます。そして全員が着実に量とレベルを上げています。こればかり強調したくはないのですが、「ハリー・ポッター」を読んだ人はその中に半分います。

ただしシャドーイングはどうも不評で、続けている人は数人に留まります。

社会人の意欲はすごい！

その点、社会人クラスはシャドーイングを続けている人がずっと多くいます。しかも感心するくらい熱心です。やはり社会人で会社勤めのあとに多読クラスに通うという人は、そもそも熱意がある人たちなのでしょう。25人の人たちに週1回12回のコースを受講してもらったところ、その後も継続している人はなんと19人もいます。

その中から、受講開始5カ月で100万語をこえた人が1人出ました。いそがしい社会人が5カ月で100万語を読むというのはたいへんなことだと思います。それだけ社会人にとって英語が必要とされているということなのでしょう。

ぼくにとっていちばんうれしいのは、そういう人たちが「めざせ100万語！」のやり方なら楽しんで続けられそうだと感想を言ってくれることです。

「めざせ100万語！」のホームページ

もう一つの「講座」をつけ加えます。これはほとんど個人の努力で続けるもので、講座というほどのものではありませんが、なんとインターネットの掲示板でときどき報告をしながら100万語を突破する人がいます。

すでに何度か書いた SSS のホームページは、多読についてはおそらく世界一充実したものだと思われますが、そこに掲示板があって、ぼくをはじめとする SSS の関係者が質問に答えたり、はげましたりして、個人で多読を続けている人を支援しています。

この掲示板の書き込みによると、すでに何人かの人は100万語を読破し、ペーパーバックを読みはじめているようです。ぜひ www.seg.co.jp/sss/ をのぞいてみてください。

独力学習は可能か？

では「めざせ100万語！」は自学自習が可能なのでしょうか？　いや、そんなに簡単なわけでもなさそうです。次の講でお話ししましょう。

また、英語の先生方がすぐに「めざせ100万語！」を授業の中に採用することは可能でしょうか？　これもそう簡単ではなさそうなので、次の講で考えましょう。

第9講　8合目
──「めざせ100万語！」をめざす人へ

緑レベル　graded readers 以外

山登りもそろそろ山頂が見えてきました。足腰も鍛えられて、少々の急坂をものともしない筋力がつき、穴や根っこをリズミカルにこえられるようになりました。相当高く登ってきたので、景色を楽しむ余裕も出てきました。英語を勉強しているというよりは、英語で読書をしていると言えます。

緑レベルは英語国の小学校高学年にあたります。最大の目玉 *Holes*（『穴』）をあとに回して、定番のロアルド・ダールから紹介しましょう。

James and the Giant Peach（『おばけ桃の冒険』）
Charlie and the Chocolate Factory
（『チョコレート工場の秘密』）
Charlie and the Great Glass Elevator
（『ガラスのエレベーター宇宙にとびだす』）
Danny the Champion of the World
（『ぼくらは世界一の名コンビ！』）

以上すべてイギリスの Puffin Books 版で、どこの洋書店でも手に入ると思います。

いよいよ！

いよいよダールの児童文学も100ページを越えてきました。最初の *James* が120ページ、そして *Charlie* の2冊が150ページです。*Danny* はなんと200ページ！　ぱちぱちぱち！　と拍手したくなりますね。よくぞここまで来た。どうぞ自分で自分を誉めてやってください。

この4冊を楽しみながら、平行して橙や黄色を読むと、快適な速さを忘れないですみます。ぜひ一緒に読んでください。そうすれば青レベルはもう目の前、そのすぐ先に大人用のペーパーバックが見えてきます。

でもここはあせらずにダールの話から……。

映画「ジャイアント・ピーチ」は必見!?

日本ではほとんど話題になりませんでしたが、*James and the Giant Peach*（『おばけ桃の冒険』）を人形アニメ（人形を少しずつ動かして一こまずつ撮影！）にした映画は大変すばらしい出来です。アメリカ映画にもこんなセンスのいいアニメがあったんだ！　と再認識しました。

ダールの原作は、それにくらべると劣るような気がします。けれどもぜひ読んでみてください。いままでとはちがう厚さに、いよいよ英語でペーパーバックを読んでいるぞという実感がわいてきます。挿し絵がまだところどころに入っていますが、大人の誇りを傷つけるほどではないでしょう。電車の中でも堂々と読めます。

Charlie and the Chocolate Factory も映画化されています。こちらは実際に人間が演じていますが、人形アニメの *James and the Giant Peach* を見たあとでは、出来が悪いような気がします。

ダールの作品は非情なところがあり、その点でも大人の読書に恥じないものです。典型的なのは青レベルの *The Witches*（『魔女がいっぱい』）や *Matilda*（『マチルダはちいさな大天才』）ですが、*James* にもそれが表れています。開巻冒頭で、*James* の両親は交通事故で亡くなり、いじわるな叔母2人に引き取られます。*Charlie and the Chocolate Factory* では、最初の *Charlie* の家族の描写はほとんど哀れをもよおします。それにチョコレート工場の中でどんどん消えていく子どもたちの描写にも、どこか残酷な感じがつきまといます。

そんな非情さも含めて、「ハリー・ポッター」以前の児童文学のベストセラー作家ロアルド・ダールを楽しんでほしいと思います。

アメリカでは……

アメリカの青少年向けのペーパーバックを紹介しましょう。

＊"Full House Sisters" シリーズ
　Elizabeth Winfrey ほか著、Pocket Books 社
＊*Holes,* Louis Sachar 著、Random House 社

“Full House” のシリーズは、すでに書いたように人気テレビシリーズの小説化です。第７講で紹介した “Michelle” のシリーズは大家族のいちばん下の妹（9歳）が主人公でした。この Michelle とそのお姉さん Stephanie（13歳）の両方を主人公にしたシリーズが、ここで紹介する “Sisters” シリーズというわけです。活字の大きさも、本の厚さも “Michelle” シリーズと “Stephanie” シリーズの中間になっています。アマゾン・コムの分類では９歳から12歳向けです。10冊以上出ていますから、“Michelle” シリーズが読めた、おもしろかったという人にはおあつらえ向きの読書がしばらく楽しめるはずです。

傑作 *Holes*！

緑レベルの白眉は *Holes* です。なんといってもあの「ハリー・ポッター」第１巻をおさえて、アメリカの児童文学賞ではよく知られたニューベリー賞に輝きました。*Holes* もずいぶん売れた本ですが、「ハリー・ポッター」をしのいで受賞したという、妙な評判のせいばかりではないと思います。この本を読んだ学生は、ほとんどみな「おもしろかった」と言っています。また SSS の掲示板に、こんな風に書いた高校生もいます。

「登場人物も大部分が子どもだし、今思えば読みやすかったのだと思います。多読をはじめていなくても読みきれるほどおもしろかった。」

「ハリー・ポッター」はこまかく書き込んだ細部が本当らしさを作り出していますが、この *Holes* のまたなんと対照的なこと！　砂漠に近い荒野の中の穴掘りが延々と続きます。ある人によると「dig と dug ばっかり。それなのにおもしろい！」そうです。

実はぼくはこの本は10ページくらいでやめてしまったのですが、読んだ人はほとんどがおもしろいといいます。

朗読テープという強い味方

Holes を読み終わった人は、全文を省略なしに朗読したテープがあるので、シャドーイングをしてみてはどうでしょう。朗読する人の、ちょっと投げやり風な語り口も話の雰囲気にあっています。読んだときはわからなかったところが朗読の抑揚や間でわかるなど、何重にもよいことがあるはずです。

なお、日本以外の国のカセット・テープはとても作りが悪く、たとえば日本のカセットではプラスチックのカバーを留めるのに５本の金属製ビスを使っていますが、欧米の朗読カセットはビスを使わずにカバー二つをプラスチックの爪でたがいにはめこんでいるだけです。高いところから落としただけでばらばらになります。取り扱いに注意してください。堅牢さからいえばＣＤがおすすめです。

Holes だけでなく、小説を朗読したテープやＣＤはたくさんあります。短いものは、橙レベルで紹介したダールの小品をいくつかまとめたテープ、この講で紹介した

James and the Giant Peach を短く朗読したテープ、さらにはジョン・グリシャムやパトリシア・コーンウェルの作品を全文朗読したものまであります。翻訳と組み合わせて読んだり聞いたり、また読んだり——値段は高いのですが、たいてい何度も聞くことになるので決して高い買い物ではありません。

たとえばぼくはチャールズ・ディケンズの長編『デイヴィッド・カパーフィールド』を三十数時間録音したテープを、おそらく10回はシャドーイングしたと思います。そんなに繰り返したのは、おもしろくて止まらなくなったからです。青レベルで紹介するジョージ・オーウェルの *Animal Farm*（『動物農場』）も、全文朗読のテープで10回は繰り返しています。いま持っているものでいちばん長い録音は『指輪物語』の全文朗読テープですが、まだ聞きはじめていません。全部で50巻をこえる大作なので、楽しみにしています。

「めざせ100万語！」をめざす人へ

前講と前々講で、「めざせ100万語！」の授業の成果と落とし穴を紹介しました。ここでは、読者が感じていると思われる二つの疑問にお答えしたいと思います。

一つ目は、この方法は一人でもできるのかということ。二つ目は、あなたが英語の先生で、「めざせ100万語！」のような授業をやるとしたら、どんな風にはじめればいいのか、またどんな障碍が予想されるか、ということです。二つ目にはさまざまな問題点があって、とても全部は書き切れませんが、大きな問題点だけは指摘しようと思います。

一人でできるのだろうか？

まず比較的簡単に答えられる「指導者なしでできるのだろうか？」という疑問です。

「できます」というのが手っ取り早い答えです。でももうちょっと正確な答えは、「できるはずだけれども、条件がある」ということになるでしょう。

たとえば第１講で紹介したハワイ大学のリチャード・R・デイさんは、「まず学生に目標を提示すること、それから系統的かつ定期的に指導することが不可欠だ」と言っています。ぼくは不可欠だとまでは、思いません。ほとんど独力で100万語を達成した人を何人も見ているからです。とはいえ、たやすいことではないことはたしかなようです。

いきなり一人でできる人は100人に１人？

いままでの経験から推測すると、ほとんど指導なしにペーパーバックを読めるようになる人は、100人に１人くらいの割合だと思われます。これは別に頭がよかったというような問題ではありません。むしろすでに書いたように、よく言えば資質の問題、はっきり言えば「いい加減さ」があったかどうかということでしょう。

ある生活協同組合と協力して、ロアルド・ダールの作品12冊をまとめて紹介したことがあります。これは残念ながらうまくいかなかったようです。ぼくの読みが甘かったのでしょう。会員10万人の中に、100人か200人はきっかけをもらうだけでペーパーバックまで進む人がいるかと思ったのですが、いきなりダールではむずかしすぎたと思います。その上、わからないところは飛ばすようにという指導も十分ではありませんでした。なんと700人の人が12冊をまとめて買いましたが、「全部読み終わりました、次は何を読めばいいでしょう」と連絡してきた人は1人でした。見通しが甘かったとしか言えません。

何らかの支援のいる人たち

やはりほとんどの人には、何らかの支援が必要です。何らかの支援を得て100万語をこえた人はこれまでに数十人います。

あなたがいま読んでいるこの本は、直接の指導と同じような支援になるはずです。いま助言できることのすべてを尽くしているわけではありませんが、大事なこと(辞書は引かない、英文和訳しない、わからないところは飛ばす、話がわからなくなったら読むのをやめる)はすべて書いています。

くわえて『どうして英語が使えない?』を参考にすれば、かなりunlearnつまり学校英語から離れる助けになるはずです。

仲間を誘う

「めざせ100万語!」のやり方を無理をせずに続ければ、まずまちがいなくペーパーバックのfluent readerになれると思います(日本語で本を読めるようになったのとおなじこと!)。ただ、続けるにはまた別の支えが必要でしょう。その中でたぶんいちばん強力な支えは、仲間です。気心の知れた人と、お互いの進み具合を知らせあっていると、思いのほか気楽に長く続けられると思います。登山のたとえで、長い登りもおしゃべりをしながらだと短く感じるのとおなじでしょう。競って頂をめざすというのでは息切れしますから、あくまでゆっくりと。

仲間がいると、本を買う費用も安くできます。SSSの掲示板には、そうやって仲間で多読を続けているグループの報告が書き込まれています。ぜひ参考にしてください。

子どもと一緒に！

中学2年生の子どもなら、ピンクレベルから一緒にはじめることもできます。親子でおなじ本を読んで、この本はおもしろかったとか、つまらなかったとか、感想を言い合うのもいいかもしれません。幼い子どもと一緒にはじめる方法についてはすでに書きました。

SSS の掲示板

SSSのホームページを支えにする手もあります。SSSの掲示板にはさまざまな人が質問や感想や意見を載せているので、なにかと参考になるでしょう。ぼくも意見を書き込んでいます。

そのほか、インターネット上にはいくつも多読に関するホームページがあります。

英語の先生方へ

さて、英語の先生が「めざせ100万語！」の授業なり指導なりをはじめる場合、何を考えておかなければならないか、ヒントを書いておきましょう。

なによりもまず、多読の効果を自分でたしかめる必要があります。ピンク、赤、橙、黄色、緑、青を20冊くらいずつ読むことをすすめます。そうすると二つよいことがあります。まず先生自身にとってよい効果があります。逐語読みをしている人は、かたまり読みができるようになるかもしれません。ふだんからペーパーバックを読んでいる人ならば、もっと早く読めるようになるはずです。次に、それぞれのレベルの英語や内容がわかるので、生徒を指導するときに役立ちます。こちらの方が大事な利点です。

何冊そろえればいいか？

もちろん多ければ多いほどいいのですが、最低必要な冊数は、指導する生徒の人数と授業の期間および形態で決まってきます。また、毎日貸し借りがあるか、大学の授業のように基本的に週１回の貸し借りかによってちがってきます。まだ実例がほとんどないので推定ですが、40人のクラスを１年間運営するのに１冊600円として500冊、30万円分くらいの本をそろえる必要があると思います。これは黄色レベルまでの graded readers です。黄色レベルをこえる受講生が出てきたら、緑以上をそのつど買い足すことになります。

少人数で出発

いままでにない費用をかけなければならないとなると、「上の人」を説得することが大きな仕事になります。まずは少人数ではじめましょう。それでたしかに効果があるとなれば、購入経費を出してもらえるかもしれません。「気楽に読んでいいんだよ、なにしろ最初は絵本みたいなものだからね」と言って希望者を募ってはどうでしょう。授業外の活動という形ですね。少人数ならば先生の負担もそれほどではないし、本を先生の目の届くところに置いておけば、借りに来る様子も把握できます。

多読を指導する場合、いちばん大事なのは、この「様子の把握」です。ただ本をそろえておいて、いつでも借りに来て読みなさいというだけでは、まず確実に尻すぼみになります。多少手はかかりますが、ぜひ一人一人の進み具合を細かく確認してください。

確認の手だて

確認して次のレベルに行くように助言する、またはもっとやさしいのを読むように助言する――その判断基準は何でしょうか？　あるレベルを理解しているということはどうやってわかるのでしょうか？

いまのところいちばんよい基準は読書速度です。すでに書いたように、１分間に100語から150語を読んでいるようなら、ちょうどよいレベルを読んでいると考えていいでしょう。100語を大きく割ると、楽しんでいるというよりは少しつらいかもしれません。

１分間に150語から200語の速さなら、いつ上のレベルに行ってもいいでしょう。けれどもおもしろい本があるかぎり、同じレベルにとどまってもいいと思います。ただ、同時に上のレベルものぞきましょう。そして100語から150語の速さで読めるかどうか、たしかめさせます。中には一つ上のレベルでもさっと読める本があって、自信がつきます。読めずに投げ出したとしても「途中でやめる」癖がつきます。

200語をこえるようなら、上のレベルに移ります。でも200語をこえる速さで読めるレベルも読み続けさせます。そうすることで、快適な速さの実感を忘れさせないためです。

これもすでに書きましたが、赤レベルから上を読んでいる場合は、100語から150語で読めるレベルを中心に、常に三つのレベルにわたって読むことになります。借りに来たときにはいつも三つのレベルの本を持っていくように言ってやってください。ただし、読書速度は唯一の尺度ではありません。ゆっくりだけれども楽しんでいる場合は、速度よりも楽しんでいることを優先してください。

理解度チェックは必要か？

日本で graded readers を輸入販売している各社の話を聞くと、最近は graded readers を課題として読ませている中学や高校が増えたそうです。大体は夏休みのあいだに読んできなさいと1冊買わせて、休み明けにテストをして、理解しているかどうかチェックするという使い方のようです。

けれどもそれは決して graded readers のよい使い方とは言えないと思います。第一に、夏休みに１冊か２冊というのでは、多読になりません。第二に、概してむずかしすぎるレベルを課題にしています。教科書より少しはやさしいテキストだから、「速読」できるはずだということのようです。第三に、生徒はおそらく休み明け直前に辞書を引きながら、一文ずつ訳すことでしょう。先生の出す試験は、かなり細かいことをたずねる試験だからです。１分間に100語から150語の速さとは無縁の読み方です。

同様な理由で、感想や要約を書かせるのも、ぼくはあまり感心しません。生徒が細部に気を遣ってしまう危険があります。先生が100％の理解を求めているのだと勘違いして、辞書を引きたくなったり、メモをとったりするかもしれません。そうなると、またしても楽しみのための読書とは言えなくなってしまいます

一橋大学で多読の授業をしたときに、英語で要約を書いてもらったことがありますが、これも失敗でした。一部の人には graded readers を読むことが重荷になってしまい、一部の熱心な人は、本を読んでいる時間よりも英語を書いている時間の方が長くなってしまったのです。

そこでぼくの授業では、理解度を確かめるテストは一切しません。ただ、読書や授業を楽しんでいるかどうか、一人一人の興味や関心はどこにあるか、うまく飛ばし読みができているか、といったことを知るためには、さまざまな工夫をしています。映画を英語字幕で見せて、どの程度わかったか書かせるといったことですが、その場

合も無記名で提出してもらうなど、余計なプレッシャーにならないようにしています。

反省：読むことを苦行にしてはいけない

一行感想程度なら、学生はむしろ楽しんで書きますが、それ以外の理解度チェックや要約は、すべて英語を読むことを苦行にしてしまいます。高校生に多読指導をしていたときに、ぼくはまだ指導が下手で、ある生徒に大変つらい思いをさせてしまったことがあります。

例によって教室の前に山のように graded readers を置いて、「さあ、これからわからないところを飛ばして、何冊も読みましょう」と授業をはじめました。ある生徒がなんといきなり黄色レベルを選んで席にもどりました。これはいかんと思って、「むずかしすぎない？」と聞くと、「こういう本はもう学校で6冊読んだ」という答えです。それならいいでしょうと、その本を読み続けてもらったのが間違いでした。授業のあいだ中読んでいましたが、次の日から現れなくなってしまったのです。

ほかの人がピンクレベルの本を次々と取り替えて読んでいく中で、おそらくその人は黄色レベルの本を一文一文和訳しながら読んでいたのだと思います。学校で読まされた6冊の本もそうして読んでいたからに違いありません。もうしわけないことをしてしまったと思います。あれで英語が嫌いになったかもしれません。「わからないところは飛ばす」も「和訳しない」も、口で言うほど簡単なことではないのだと悟った事件でした。

学校英語を一生懸命やった人の中には、1分間150語で読んでいても頻繁に和訳している人がときどきいます。指導する人はいつもその危険を意識して、そういう生徒を見つける必要があります。

和訳する頻度が多い場合は、レベルを下げても分速があまり変わりません。ですから和訳していそうな生徒には、やさしい本を渡して分速を測ってもらいます。同じような速度の場合は、和訳していないかどうか聞いてみてください。そして、和訳していると答えたら、ピンクレベルにもどって、和訳しないで読める快適な速度を体験させましょう。

unlearn が必要な場合

一読してわからない文はすべて和訳せずにいられない人の場合は、特別な配慮が必要です。なんとかして、いままでの英語に対する姿勢を変えてもらわなければなりません。

ぼくは、ときには毎回の授業の3分の1くらいの時間をかけて、これまでの学習方法の不備を指摘し、改善方法を提案します。

辞書を引かないととにかく不安だ、和訳しないとちゃんとわかっているかどうか自信が持てない、こんな簡単なものを読んでいて力がつくのか疑問だ——そういう人には辞書や文法や和訳の問題点をきちんと指摘しなければなりません。そうしないと不安や疑問をかかえたまま多読することになり、目が英文の列を上滑りしてしまいます。せっかく吸収した英文なのに、「消化が悪い」状態になると思われます。

辞書の問題点については『どうして英語が使えない？』を参考にしてください。また第12講からは、これまでの考え方をいくつかの観点から見直しています。この見直しによって、日本語を介さずに英語をたくさん読むことの大きな利点を理解してほしいと思います。

多読だけの授業は実行不可能？

さいわいにして少人数の多読指導で成果が上がったとしても、ぼくの授業のように正式の授業時間全部を多読に当てることはむずかしいでしょう。中学や高校ではまず無理でしょうし、大学でもむずかしいと思います。

ぼくの場合、いままで多読以前に試みたやり方は、すべて思うような成果を上げていないと思っています。その反省をもとに、考え方をすっかり変えて、出席だけで成績をつけることにし、好きなように本を読ませる授業をはじめたのです。これは相当思い切ったやり方で、ずうずうしくないとできないかもしれません。授業時間中は先生は歩き回っているだけなので、「楽な授業をしている」と見られます。会議で非難されたこともあります。ほかの大学で多読授業をしているある先生が、ぼくをほめてくれたことがあります。「多読だけで授業をなさるには勇気と信念が必要です」というのです。おそらくその先生も多読授業を非難されたことがあるのでしょう。

けれども、ある程度の非難または疑いの目を我慢できるなら、または時間割の中に自由の利く時間がもうけられている中学や高校であれば、ぜひ授業に取り入れることをすすめます。評価や強制から解き放たれた生徒がどれほど伸びていくか、またそういう授業が指導する側にとってもどれほど楽しいものか、実に目を開かれるものがあります。

ちなみに、電気通信大学では好意的に見てくれる先生が出てきて、今後多読の授業はいろいろな形で広がりそうな気配だということを付け加えておきます。

急がば回れ、精読は抜け道

多読授業は学生に単語を覚えさせたり、構文分析をしたりしないので、どうしても周囲の人は「何を教えているのだろう?」、「受講生は何か学習しているのだろうか?」という疑問をいだきます。ときには「手抜き」と見られることさえあるでしょう。

けれどもそうでしょうか? 「急がば回れ」のことわざはここでも生きていて、単語を覚えさせたり、文法によって英文を分析することの方が、抜け道つまり手抜きなのではないでしょうか?

和訳は、理解のじゃまになります。これも常識をひっくり返す意見ですが、根拠はあります。第15講を見てください。

和訳などさせずに、ぼやっとした理解で放っておき、たくさん読むうちにいつかその霧が晴れて澄明な理解に変わるのをじっくり待つ——そういう我慢が必要だと思います。これまでの英語の先生は抜け道を選んで、その場その場で急ごしらえの理解をさせてきました。

その結果、学校英語は成果を上げることができず、せいぜい英検の点数が上がるだけでした。英語を獲得したい人たちは学校以外に活路を求めています。TOEIC も英会話学校も、語彙増強の通信教育も、高価な英語教材のセットも、インターネット英語講座も、必死な人たちが最後の頼みの綱にしています。

けれども上に挙げた「活路」はどれも抜け道です。次の講では、みなさんが「急がば回れ」を本当だと思えるように、そうした抜け道を考え直してみようと思います。

第10講　もうすぐ頂上
――急がば回れ

青レベル　graded readers

さあ、ペーパーバックの頂が見えてきました。山歩きをしていると、頂上目前の登りがいちばんきついのはよくあることです。たぶんゴールが見えると気がせくので、直登に近いルートをとるためでしょう。山の頂上に向かってまっすぐ道ができています。

けれどもよく見ると、ゆっくりした登り道が脇の方へ向かってのびています。頂上をまっすぐねらわずに、螺旋状に登っていく道です。

どちらをとるか、お好きなようにどうぞ。どちらの道を行った登頂者もたくさん見ています。それに本物の登山と違って、同時に二つの道を行くこともできるし、直登から螺旋へ、螺旋から直登へ、いつでも移ることができます。要するに道は一つではないと知っていればどちらへ踏み出そうとかまいません。

じっくり型の人は青レベルでも graded readers から読みます。ここでは2000語以上3000語までを紹介しましょう。いままでおよそ500語刻みで来たのに急に1000語の標高差があるのは、このレベルまで来ると、graded readers の冊数が少なくなっているのでひとまとめにしているからです。それでも全部合わせると60冊くらいありますから、分速150語をこえるまで読むには十分な冊数だと思います。

*Penguin Readers シリーズ、 Level 5 (2300語)
Level 6 (3000語)
*Oxford Bookworms シリーズ、 Stage 6 (2500語)
*Cambridge English Readers シリーズ、
Level 5 (2800語)
Level 6 (3800語)

graded readers の傑作

この中でまず紹介したいのは映画「コレリ大尉のマンドリン」の原作を簡約版にした *Captain Corelli's Mandolin* です。Penguin Readers Level 6 に入っていて、全部で100ページ、総語数3万語をこえます。この簡約版は、十分に読書を堪能させてくれます。登場人物それぞれの性格も癖も伝わってきます。ときには声さえ聞こえてくるかと思うほどです。この本でもぼくは最後に泣いてしまいました。

そのあと、原作を読みはじめました。実はまだ読み終わっていないのですが、いくつか驚嘆していることがあります。その中で、簡約版と関係のあることだけを紹介しましょう。この辺で原作と簡約版の関係について触れておこうと思うのです。

原作は15万語におよぶ大作で、エーゲ海に浮かぶ小さなギリシャの島が舞台です。第2次大戦の直前から現代までが語られています。原作の構想は実に大きなもので、小さな島の恋と当時のヨーロッパを覆っていた世界史的事件をともに描いて、しかも登場する人たちの心をこれ以上はないと思えるほど細やかに書いています。

原作は小さな島の小さな村を中心に、平穏な日々だけを望む人たちを丁寧に描いていますが、その描写は読みはじめたら一刻も惜しんで先を読みたいほど興味がつきません。

さらに驚くことに、村の生活の細部と平行して、時にはイタリアの独裁者ムッソリーニの声を借り、ギリシャの首相メタクサスの声を借りて、島を揺さぶる大きな力と、大権力者のせせこましさを描いています。

簡約版はそうした複雑な、いくつもの声をきれいに整理して、恋愛にしぼって書き直してあります。それでいて原作の規模の大きさはきちんと伝わってくるところがすごいと思います。graded readers の中の傑作と言っていいのではないでしょうか。

実は、いわゆる「ネイティブ・スピーカー」の英語の先生の中には、不自然な英語だといって graded readers を嫌う人がいます。たぶん嫌いなので、実際に英語の授業で使ってみたことはないのでしょう。

実際に使ってみると、graded readers はたとえば日本人が英語を獲得するには必須と言えるほど利点のあるものだと思います。そして多読授業をおこなっている「ネイティブ・スピーカー」と呼ばれる先生の中には、

graded readers は language learners' literature と呼ぶべきだという人がいるくらい、質の高いものがあるのです。そのいちばんの例が *Captain Corelli's Mandolin* なのです。

急がば回れ

いくら graded readers の中に傑作があるとしても、「めざせ100万語！」はいかにも遠回りな学習法と見えます。それは頂上が見えているのにまっすぐそこをめざさず、螺旋状に登っていくことにもあらわれています。そもそも自分の「実力」よりもはるかにやさしいところへ戻らなければならない！　その上で、辞書を引けばすぐにわかる単語も「放っておけ」という。こみいった、5文型でなければ解決がつきそうにない文でも「分析はするな」という。放っておいた単語や文は、いつになったらわかるようになるのだろう？　なんだかとりとめがない……。

ここではそうした疑問に、逆の方向から答えてみましょう。つまり、辞書を引けば単語の意味が本当に「わかる」のか？　文法を極めれば外国語が身に付くのか？英会話学校で英語が使えるようになるのか？　TOEIC対策の「勉強」は何かの足しになるのか？

そうしたことは、言ってみればすべて抜け道です。そして抜け道の例に洩れず、見通しは利かず、障害物は多く、しかも結局時間がかかり、目的地にたどりつく人はわずかです。

別のものにたとえてみましょう。いまわたしたちは1

階にいて、とても高い２階に行こうとしているとします。２階に達すれば英語が素直に理解でき、英語で自分を表現できるとしましょう。

辞書や文法や英語講座を使うことは、１階の床に机や椅子や座布団や本棚などを積み上げて、まっすぐ天井に向かうようなものです。一直線で、早そうに見えますが、机も椅子も壊れかかっていてぐらぐらするし、座布団はふにゃふにゃ、本棚にいたっては足がかりにする前から倒れそうです。のぼりかけても、かならず崩れて元の木阿弥……。そうした辞書や英会話教材や会話学校に多額のお金をかけるのはもったいないと思われます。

「めざせ100万語！」の上り方は螺旋階段を使います。それも普通よりはるかに幅が広く、どんな人でもゆっくり登って行けそうなゆるい傾斜です。何度も回らなければなりませんが、そのうち確実に高い２階に到達します。もし元気があって体力があるなら駆け上ってもいいでしょう。それぞれのペースで進めばいいのです。

草も木も TOEIC へとなびく

日本の英語学習に最近とても気になる問題が出てきました。それは TOEIC の流行です。

象徴的な出来事を一つあげましょう。2002年のはじめにぼくは東京新宿のある洋書店で、愕然とする光景を目にしました。レジのすぐ前のいちばんいい場所に、以前は洋書を並べた棚があったのですが、その棚がすべて TOEIC や TOEFL や実用英語検定試験の対策本にかわっていました。

英語の本よりも「英語についての本」の方がいい場所をしめていたのです。

その洋書店が悪いわけではありません。需要に応えただけですから。問題は TOEIC 対策本を買いたがる人々の方にあります。

無理もないと思える部分もあります。英語学習の成果はそう簡単に見えてくるものではありません。たまさか海外に出かけて買い物をするとき、あるいは偶然に英語のホームページに行き当たったときにしか、たしかめることができません。

けれどもいまの世の中を見ると、英語学習は必須のものになってしまったようです。そこで、点数で成果が見える TOEIC に殺到することになります。その上、企業はこぞって TOEIC の点数を入社や昇進の条件にしています。いまや日本は雪崩を打って TOEIC へ TOEIC へとなびいているかに見えます。

TOEIC への疑問

TOEIC はそんなに大事なのでしょうか？　頼れる指標なのでしょうか？　ひょっとして TOEIC も抜け道なのではないでしょうか？

TOEIC には二つの疑問があります。一つは概して聴解の点数が読解の点数より高いこと、もう一つは TOEIC の得点が「使える英語」の指標にかならずしもなっていないことです。

最初の疑問は、聴解と読解という 2 部門で、難易度のバランスがとれていないのではないかという疑いです。

たとえば受験者のほとんどが、リスニングでリーディングより高得点をとるのはおかしいと思います。聞くそばから消えていくリスニングの力が、じっくり読み返すこともできるリーディングより高いはずはありません。にもかかわらず、ほとんどの学生についてリスニングの点数の方が高く出るので、学生は「リスニングよりリーディングを勉強しなければ」と考えます。試験対策としては当然の戦略ですが、実際の力のバランスを反映しているとは思えません。それともリスニングの内容は、リーディングよりはるかにやさしいのでしょうか？　ビジネスの場面で、それほどの違いがあるものなのでしょうか？

もう一つの疑問は、TOEIC 高得点がどれほど「使える英語」の指標になっているかという問題です。これについては TOEIC で高得点をとった人たち自身が疑問を持っているようです。750点を超える人が何人か「めざせ100万語！」を受講して、ピンクレベルから読みはじめています。こういう人たちは満点までもう一息のところにいるにもかかわらず、自分の英語力に大きな不満を抱いています。TOEIC の得点はどうもその高さほどは使い物にならないようだと感じているのでしょう。

800点、900点という点数をとれるほどの努力をしてきたのであれば、それだけで満足しても不思議はありません。まだ十分な得点に達していない人から見れば、800点も取ってなにが不足なのだろうと考えるかもしれません。高得点に満足していない受講生は、自分の英語が言葉としてきちんと働いているかどうかを冷静に見ているのだと思われます。頭が下がります。

「TOEIC 熱」への疑問

TOEIC 熱に対するいちばん大きな疑問は、TOEIC 高得点が自己目的化していることです。そして、点数を上げることだけを目標に「お勉強」をする人が増えていることです。受験する人たちは、藁にもすがる思いで TOEIC を受験します。TOEIC 高得点という頂上めがけて、単語集や問題集で直登を試みます。そうして頂上に立ってみると、実は TOEIC 高得点は使える英語を保証するものではなかった！ めざす山頂とはちがう頂に立っていたのです。

TOEIC 熱の最大の害

TOEIC 熱が引き起こした最大の問題は、いままではほとんどの人にとって大学受験で終わっていた「試験勉強」を、社会人にまで広げてしまったことです。

本当は大量の英語に触れた結果として TOEIC の点数が上がるはずのものなのに、ほとんどの学習者は、直接点数を上げるための勉強をする方向へ向かってしまいました。

たしかに点数は強力な動機づけになります。英語学習は成果が見えにくかったために、手っ取り早く成果を見られる道として、TOEIC の点数は大歓迎されたのだと思います。各企業の人事担当者も、自分の英語力に自信があるわけではないので、外部の、しかもアメリカの Educational Testing Service なるところが作成した試験であれば、任せてしまえとばかり、TOEIC に頼ってしまいました。

ところが TOEIC の試験形式は試験勉強がきくようです。棚を埋めた対策本を見ると、どれも単語集と問題集です。要するに大学受験のときと同じことをやっていることになります。

大学入試の受験勉強が意味ないことは骨身に沁みているはずの大人が、喉元過ぎて熱さを忘れ、単語集と問題集に走ってしまうのはいかにも残念です。

TOEIC 受験に疑問を持ち、その「呪縛」から逃れた人の感想を引用しましょう。この人は100万語をこえたところで感じたことを書いています（原文は SSS のホームページを見てください。掲示板にあります)。

「私も英語の勉強を始めたときは、TOEIC の点数が上がることが英語が上達することなんだと思って、必死に TOEIC の教材で TOEIC 対策をやってきました。でも、そんな教材をやっても、TOEIC のテクニックは身についたのですが、英語の実力はついた気がしませんでした。最近、TOEIC に対する考え方が変わりました。多読、多聴をやってどれだけ実力がついたか測るための物差しと考えるようになりました。やっと、TOEIC の呪縛から解かれた気がします。」

英会話学校も抜け道

大手英会話学校の教科書を見たことがあります。自分のところで作っている教科書を使わせることは、いろいろな意味で利益があるのだと思われます。お金儲けがおもな目的の英会話学校が、ちゃんとした教科書を作るはずがありません。それはそれはひどいもので、要するに高校の検定教科書の安易な焼き直しでした。

大手の英会話学校にはいくつも問題がありますが、すべて数え上げる暇はないので、いちばん大事なことを一つだけあげておきます。英会話学校に通うと、度胸はつくことがありますが、実質的な力はつきません。まあ、度胸も大事ではありますが、それは数回通えばつきます。何十回分もレッスン料を先払いさせるような学校は避けるべきでしょう。

抜け道は結局遠回り

ほかにも英語の通信講座や、「語彙力強化」やをうたったさまざまなコンピュータ・ソフト、インターネットのホームページと、抜け道は枚挙に暇がありません。すでに書きましたが、良くも悪くも「英語力は英語量」でしかありません。

度胸をつけるために英会話学校に通うのも結構、会社が要求するから TOEIC 対策に邁進するのも結構でしょう。けれども結局「急がば回れ」の通り、もっと自然な言葉の獲得をめざした方が、早く目的地に着くはずです。

実はぼく自身、大学の授業では TOEIC 受験を単位取得の必要条件にしています。つまり TOEIC を受験しなければ、優も良も可もとれないのです。これは学生が就職のために TOEIC を受験しなければならないことがわかっているので、経験させておきたいからです。また、多読が TOEIC の点数上昇につながることを半ば期待しているためでもあります（現在のところはっきりした因果関係はありません）。

ただし学生には TOEIC 対策の試験勉強はしないように言います。就職試験直前に TOEIC の受験準備をするのは仕方がないことです。でも直前までは受験対策をしないようにと助言します。TOEIC 対策の勉強は言葉そのものを育てることにはなりません。言葉として何かの役割を英語にさせたいと思うなら、TOEIC 対策にかぎらず、量を吸収できる方法かどうか、それだけを確認してください。

巨大な壁二つ

けれども上のような近道よりも大きな障碍は、やはり辞書と文法です。この巨大な二つの壁を突き崩して風通しをよくするには、講を改めなければなりません。

第11講　頂上に到着！
――しかたなく「単語力増強」

青レベル　graded readers 以外

いよいよ頂上に来ました。読んだ量はざっと100万語。もう指導を受けなくても一人でペーパーバックを選んで、おもしろければ読み続ける、つまらないとかむずかしいという場合はやめることもできるはずです。

この頂に立つと、いままで木々や山陰で見えなかった眺めが広がっています。あちらにはイギリスの新刊書の峰、こちらにはアメリカのニュース週刊誌の頂が見えます。少し手前にはインターネットのホームページや、大衆小説の峰も続いています。研究や仕事に英語を使いたい人には、専門書の頂も目に飛び込んでくることでしょう。シャドーイングを続けた人にはさらに日常会話、海外出張、学会発表といった頂にも道が通じているのが見えるはずです。

でもまず足元の頂上を探検しましょう。そしてほんの数分歩けば征服できる次の頂も見に行くことにします。まずはアメリカのジュニア小説から。

＊“Sweet Valley Jr. High” シリーズ、

Francine Pascal 著、Random House 社
＊“Full House : Club Stephanie” シリーズ
Pocket Books 社

“Full House” のシリーズについてはすでに書きました。“Sweet Valley Jr. High” シリーズは、橙レベルの graded readers に入っていた “Sweet Valley High” の中学校版で、何十冊も出ています。人気シリーズなのでしょう。

文の流れに飛躍がありますが、それが快適なリズムを作っているとも言えます。このシリーズも買って、のぞいて、読めそうもなければ本棚に並べておくといいと思います。

ロアルド・ダールから

ここまでくると、普通のペーパーバックにも読める本がたくさんあります。けれどもまずはロアルド・ダールから紹介しましょう。

Matilda（『マチルダはちいさな大天才』）
The Witches（『魔女がいっぱい』）
The BFG（『オ・ヤサシ巨人 BFG』）
Boy（『少年』）

3冊とも200ページを越え、厚さがペーパーバックらしくなっていますが、挿し絵が適度に入っているので、緑レベルのダールを楽しめた人には読みにくくはないと

思います。

Matilda は、家でないがしろにされ、学校でサディスチックな校長先生にいじめられている女の子が、やさしい先生に支えられて天才を発揮し、親と校長をやっつける話です（クェンティン・ブレイクの挿し絵では、そのやさしい先生が実に素敵に描かれています）。

ダールの本をずっと読んでくると、英語国の子どもたちがなぜダールを支持するのか、よくわかります。ダールは自分の体験（あとで紹介する *Boy* に出てきます）から、子どもは大人たちに抑圧されていると思っていたのでしょう。すでに書いたように、ダールの本の主人公はなんらかの意味で不遇です。そしてそこから自分の力で（または理解のある大人や昆虫に助けられて）抜け出して、大人をやっつける。その解放感が子どもに歓迎されるのだと想像できます。

Matilda では、素敵なハニー先生がマチルダの才能に気がついていく場面は何度読んでもわくわくします。子どもたちは、自分はそんな天才ではないと思いつつ、マチルダに思いを託すのではないでしょうか。

The Witches も、小さな男の子がおばあちゃんとたった二人で、世界中から集まった魔女たちと対決するお話です。ただ、魔女の頭領によって小さなネズミに変えられてしまった男の子が最後にどうなるか……これは書くわけにはいきませんが、最後の一段落のためだけにでも全体を読む価値があります。

ダールが言葉遊びの好きな作家だということはすでに書きました。*The BFG* つまり the Big Friendly Giant

はダールの子ども向け作品の中ではいちばん手強い１冊です。たくさん登場する巨人たちが独特の言葉をしゃべるので、読みにくいのです。

それよりはむしろ *Boy* の方が読みやすいかもしれません。これはダールが自分の子ども時代を書いた自伝です。ノンフィクションですが、写真も多く、子ども向けに書いてあります。

少年時代に別れを告げて人生の単独飛行に出るまでを描いた *Going Solo*（『単独飛行』）という続編がありますが、これは *Boy* よりもだいぶむずかしいので、*Boy* に続いてすぐ読むことはできないかもしれません。もう少し先のために取っておいてください。なお going solo は単独飛行のことで、人生の独り立ちを掛けています。ダールは第２次世界大戦中には飛行士でした。

オーウェルも読める！

ジョージ・オーウェルは20世紀前半という大変な時代に、その渦中に飛び込みながらジャーナリストの目と筆を持ちつづけた作家です。青レベルではオーウェルの *Animal Farm*（『動物農場』）も読めます。何度読んでも不思議な話です。全体主義（この場合はソビエトなどの社会主義）をその根本から批判している「政治小説」なのに、最後は泣いてしまうほど心にも訴えるのです。オーウェルがいつも自分一人の実感を出発点に、世の中全体のあり方まで目を届かせていたことがありありとわかります。

青レベルでは、そういうすばらしい小説が読めるのです。*Animal Farm* は動物が主人公なだけに言葉が平易です。そして厚さも中編小説くらい。挿し絵こそありませんが、最後のパーティーの場面では豚が目の前で影絵となって踊っているかと思うほどです。全編に抽象論は一切なく、具体的な描写だけで話が展開するので、ごく読みやすい本です。それが類を見ない「政治小説」になっているところがオーウェルの真骨頂でしょう

オーウェルはダール以上に言葉に関心を持っていました。動物農場は人間を追い出して家畜たちが自治をはじめたのですが、その納屋の壁には「革命」当初、

All animals are equal.

という標語が掲げられていました。支配するもの、されるもののいない農場をめざしていたわけです。

それが物語の終わり近く、標語は書き換えられて、こうなっています。

All animals are equal.
But some animals are more equal than others.

人間の支配を脱して、いよいよユートピアが実現すると期待していた動物たちは、この標語に頭を混乱させられます。こんなに簡単な言葉で、こんなに印象的な言葉が書けるのです。

同じオーウェルの *Nineteen Eighty-Four*（『1984年』）はまだまだ先にならないと読めないかもしれませんが、

この「未来小説」では言葉が隠れた主人公を演じています。いや、言葉こそが世界全体をひっくり返していると言ってもいいでしょう。

映画好きの人なら、*Nineteen Eighty-Four* は「マトリックス」の世界を先取りしているのだと言えば、関心を持ってくれるかもしれません。世界を虚構にしてしまうには、ウルトラ・コンピュータ・ネットワークも、ＤＮＡの操作もいらないのです。「言葉を操作すれば十分、しかもそれはすでに実現している」というのが、オーウェルの言いたかったことでしょう。

日本の政府、さらにアメリカやロシアや中国の政府は『1984年』に描かれている Big Brother となってぼくたちを支配しています。日本政府の宣伝を見破るためにも、外国の政府に支配されないためにも、英語や中国語やロシア語を知っておかなければならないと思っています。

シドニー・シェルダン登場

オーウェルが出てきて、ちょっと先走ってしまいました。すこし冷静に、青レベルで読めるペーパーバックを紹介していきましょう。

100万語の頂に登る道はいくつもあると、何度か書いてきましたが、比較的通る人の多い道筋では、*Matilda*、*The Witches* からシドニー・シェルダンへ進む方向があります。これは何人も通って大衆文学の頂に到達しているルートなので、誰でも一度は挑戦してみてほしいと思います。

好き嫌いは当然ありますが、大人向けのペーパーバックの中ではもっとも入りやすい英語であることはたしかです。まず文が短く、複雑な心理描写や風景描写がなく、ひたすら筋が展開していく、といったところが読みやすい理由です。それにほとんど翻訳が出ているので、それを読んでから読むことができる点でも、近づきやすいと思います。

シェルダン級はほかにもいっぱい!

シドニー・シェルダンが読めると、選べる範囲は急に広がります。あの手の大衆小説は非常に数が多く、シリーズになっているものも少なくありません。

「ハーレクイン・ロマンス」などもその一つです。ただ、シドニー・シェルダンより薄くて手を出しやすいけれども、読みにくいものがあるようです。いつでも投げ出す気持ちで読みはじめてください。

映画にもなった「メッセージ・イン・ア・ボトル」の原作は *Message in a Bottle* で、ニコラス・スパークス (Nicholas Sparks) という人が書いています。映画を見て、興味を持ったらこれも挑戦してみてください。ほかにも何冊か書いています。

ほかにもリンダ・ハワード (Linda Howard)、ダニエル・スティール (Danielle Steele) などなど、たくさんいます。要するに洋書店に並ぶなかでかなりの厚さがあり、派手な表紙で、いかにも大衆小説という本はどれもシェルダン級と言えます。100万語までに培った勘を働かせて、おもしろそうなもの、自分にとって読みやすそうなものを選び出してください。

最初は買いまちがいもあるでしょうが、それは仕方ありません。最初からうまく好みにあった本など買えるはずはないのです。たとえばパトリシア・コーンウェル（Patricia D. Cornwell）の女検屍官シリーズはぼくの大好きなシリーズで、出るたびにすぐ買って読んでいますが、おなじ作者の女性署長シリーズはあまりにくだらなくて、ひっくり返りそうになりました。途中でやめればいいものを、どこまでくだらないかをたしかめたくて、最後まで読んでしまいました。反省し、後悔しています。自分の忠告に従って、途中でやめるべきでした……。

おもしろい本選びにも「絶対」ということはないようです。

ダールの大人向け作品へ

シドニー・シェルダンや『マディソン郡の橋』（*The Bridges of Madison County*）はいやだという人は、ダールの大人向け短編集はどうでしょう？　むずかしい語はどんどん出てくるし、状況も筋もひねってありますが、なんといっても短編の名手です。いくつか話がわかったものがあるとすると、それは忘れられない読書経験になるでしょう。

ダールは児童文学のベストセラー作家であるとともに、日本でもファンの多い、練達の短編作家です。翻訳はほとんど出ているようです。例によって翻訳を読んでから読むのもいいでしょう。または「シマウマ読み」をするのもいいでしょう。

シマウマ読みというのは、まず原書で読む、話がわからなくなる、そこから先を翻訳書で読む、話がわかったらそこから先を原書で読む、わからなくなったら翻訳書……という具合に原書と翻訳書を交互に読むやり方のことです。もちろん翻訳書からはじめてもいい。翻訳は『キス・キス』『あなたに似た人』などの題名で早川書房から出ています。

ただ、原書と翻訳書を並べて読むのは感心しません。わからなくなるたびに翻訳書をのぞくことになって、100%の理解を追求してしまいます。それに読む速度も大きく落ちます。快適な速さで、**「半分原書で読めればいい」**という気楽な取り組み方ができるのがシマウマ読みのいいところです。2度目に読むときに英日を反転させれば、全体を英語で読んだことになる！

graded readers でもダールの大人向け短編集が出ているので、例によってまずそれを読む手があります。Penguin の青レベル（2300語）で *Taste and Other Tales* です。表題の短編 *Taste*（「味」）はダールの作品でいちばんよく知られたものかもしれません。ワイン通を自称する男の生理的いやらしさ、ワインを人間にたとえて評する言葉の巧みさ、人を小馬鹿にしたような気取り方——せせこましい小悪人が妙に生き生きと描かれています。その印象的な作品がほぼそのまま簡約版になっているのです。大人向けのペーパーバックへの入り口として、この graded reader は特にすめられます。

で、「ハリー・ポッター」は？

ちょっと前まで、スティーブン・キングを原書で読みたい、『かもめのジョナサン』(*Jonathan Livingston Seagull : A Story*)を英語で読みたいという人がかなりいたのですが、最近は「ハリー・ポッター」一辺倒の様相です。

高校生に多読指導をした経験では、3カ月で「ハリー・ポッター」を読みはじめた人が何人もいます(早く「ハリー・ポッター」を読みはじめるのがいいことだというのではありません。あくまでそれぞれのペースを守ることの方が大事です)。おおよそ30万語から50万語くらい読んだところで、我慢しきれずに「ハリー・ポッター」に手を出したのだと思います。

けれどもそれはちょっと早すぎるかもしれません。反動が心配です。橙や黄色レベルをたくさん読まなければ、話したり書いたりの土台が弱くなります。

とはいえ青レベルまで来たら、ぜひ第1巻を買いましょう。まだすぐには読めないかもしれませんが、読めるかもしれないではありませんか。読めれば儲けもの、いまは読めなくてもいつか読めるようになります。

高校生で「ハリー・ポッター」を読んだ人は、ほとんどがまず翻訳を読んでいます。例によって例のごとく、映画を見たり、翻訳を読んだりしてから読むのもいいでしょう。既刊の分を全部読み終わって、新しい巻が出るのを待つ気分もよいものです。

おすすめリスト

読みたい本リストの先を、急ぎ足で書いておきましょう。映画「ロード・オブ・ザ・リング」の原作 *The*

Lord of the Rings（『指輪物語』）もいつか原書で読みたい本の先頭近くに上がってきました。ただ、娯楽作品の中では ジョン・ル・カレ（John le Carré）のスパイ小説とともに、いちばん読みにくい作品です。娯楽作品の中で、この二人はペーパーバック・リーディングの最高峰と言っていいでしょう（もう一人挙げるとすればウンベルト・エーコですね。元はイタリア語ですが……）。けれどもさすが最高峰です。翻訳ではとても味わえない豊かさと深さがあります。

*The Lord of the Rings*の場合はそのまえがきのような *The Hobbit*（『ホビットの冒険』）を読んでから挑戦することをすすめます。*The Hobbit* は決して単なるまえがきではありません。ユーモアとゆとりという点では *The Lord of the Rings* 以上でしょう。ただしむずかしさは相当なもので、*The Lord of the Rings* とさほど変わらないと思います。

翻訳には問題がありますが、映画を見て、翻訳を買って、シマウマ読みをすることはすすめます。何度でも読める作品なので、そうやって翻訳の助けを借りながらでも、すこしずつ原語の良さがわかってくると思います。

ル・カレの作品はどれも読み応えのある文章で書かれています。しかし読みはじめたらまずほかのことはすべて放り出したいくらい捕まえられてしまいます。けれどもこれは、ぼくの好みが入りすぎだと言われそうです。それになぜかル・カレの小説は graded reader になっていません。映画はありますが、映画を見れば原本が読みやすくなるという本ではないのです。

最終目標：好きな作家を見つける

ぼくがル・カレを偏愛するように、みなさんもそのうちに好きな作家に出会います。そうなればもうペーパーバック・リーダーとしては完成です。いま次々と新刊を出している作家でもいいのですが、過去の作家を再発見するのも楽しみなものです。

ル・カレとシドニー・シェルダンのあいだには何百人という作家がいます。シェイクスピアと「ハリー・ポッター」の間にも何千人という作家がいるでしょう。ぼくが紹介できるのはその何百分の一、何千分の一にすぎませんから、ただ、英語の小説はおもしろいとだけ言っておきます。

そしてその理由はおそらく市場の広さです。イギリスは世界帝国の時代以来何百年ものあいだに、言葉の支配も広げてきました。そのうえいまはアメリカが英語の支配を広げています。そのために英語の本の市場は、ほかのどんな言葉の市場より何倍も広いと思われます。出版物が少しでも当たれば、巨大な利益を生む。その利益がさまざまな才能を英語に引きつける。競争が生まれ、質が高くなる、という好循環が続いてきたのです。

良かれ悪しかれ、英語の本には質の高い、おもしろいものが多いわけです。「めざせ100万語！」で身につけたペーパーバック読書は、一生あなたの財産になることでしょう。

ということで、本の紹介はこの講で終わりです。次の講からは英語学習の常識を unlearn するために、いくつか大事な点を洗い直すことにしましょう。最初の講で「音の unlearn」、それから「単語の unlearn」、「文法の unlearn」と続きます。

お楽しみに。

単語力増強！

さて、お約束の単語力増強です。もう一度念を押しますが、これは緊急避難です。入学試験を控えているとか、海外留学が決まったとか、TOEIC で得点を上げて就職活動を有利に展開したいといった、切羽詰まった際の便法であります。

単語集は最悪の手

それにしても、いきなり単語集へ向かうのは感心しません。単語集を避けるべき理由を並べておきます。

・語の意味ではなく訳語が載っている
・切れ切れの例文が多く、『DUO』(アイシービー刊)のように無理やり作った不自然な文が多い
・『速読英単語』(増進会出版社)のように数段落の英文が載っていればまだいいが、訳語や訳文が奇妙
・『速読英単語』の場合でも、覚えさせようとする語数にくらべて、英文の量が少なすぎる

ではどうする？

なんらかの締め切りまであと一月しかない場合は、単

語集もやむを得ないでしょう。どうしてもというのであれば『速読英単語』をすすめます。その場合はこんな風にやってください。

1　適当なページ数を１日に10回くらい付属のＣＤを聞きながらシャドーイング
2　英文を見て音と綴りの関係をたしかめながら、シャドーイング
3　訳文を見る
4　知らなかった語の訳語を確認しながらシャドーイング
5　次の日、１へ戻る

音と結びつけることで多少とも覚えやすくなると思われるので、こうした方法を進めます。またたいていの試験はリスニングが必須ですから、その助けにもなるかもしれません。

もう少し時間がある場合

あと３カ月あるいは半年後に試験がある、留学する、というように時間の余裕が少しでもある場合は、単語集ではなく、量を吸収しつつ語を意識するやり方をとりましょう。

graded readers や大衆小説にくらべて、試験に出る語や留学先で必要になる語ははるかにむずしいものです。graded readers を青レベルまで読めば3000語をしっかり吸収できますが、大学の授業や専門書に通用する語数

ではありません。

いちばんいいのは読む本を増やしていって、自然に知っている語を増やすことですが、多少とも急ぐ場合は、ニュース英語がよいのではないかと思います。テレビの2カ国語放送や衛星放送、ケーブルテレビやスカイパーフェクト・テレビで、ＣＮＮやＢＢＣの放送も見られます。

ブロードバンド

けれども今後いちばん利用価値があるのは、やはりインターネットです。まず海外の英字新聞の記事が読めます。そしてＣＮＮやＢＢＣのホームページに行けば、ニュースを読むことも聞くこともできます。ブロードバンドの時代になれば、海外のテレビ放送もインターネットを通じて楽しめるようになるでしょう。

さて、イギリスＢＢＣのクラシック放送をＣＤ並みの音質で聞けるようになって、ぼくなどは浦島太郎の心境ですが、この新しいメディアを「単語力増強」（いやな言葉です）に役立てることはできないものでしょうか？

英語ニュース

ニュースを聞くことです。上にあげたさまざまなメディアを通じてニュースを毎日追いかけることで、いろいろよいことがあります。

まず第一に、日本のメディアでもおなじようなニュースを追いかけているので、背景知識を提供し、理解を助けてくれます。日本語のニュースや解説で概要がわかっていれば、辞書を引く手間が省けます。これは量を吸収するにはとてもよいことです。

次に、ニュースを毎日追いかけていると、状況がほんの少しずつ変化していくので、新しい語が少しずつ加わってきます。その日のうちにはわからないとしても、何日か続けて出てきますから、日本語のニュース報道とあわせて聞いているうちに見当がついてきます。たとえば2001年9月の世界貿易センタービル以後のニュースでは、世界中の人がal Quaeda（アル・カイダ）という言葉を覚えてしまったと思います。知らなかった語が、何度も聞くうちにわかってくる典型的な例です。

al Quaedaほど目立ちませんが、もし状況の変化をくわしく追っていれば、ほかの語についても同じことが起こります。たとえばtake out bin Ladenのtake outはどういう使われ方をしているのでしょう。この表現はオサマ・ビン・ラーディンについて何度も使われたので、遅かれ早かれ「片づける」（「殺す」の婉曲表現）という意味だとわかってきます。

単語力増強の決め手：TIME、Newsweek

単語力増強の切り札はやはりこの2紙でしょう。上のようにして、

1 日本のニュースで背景知識を得て、
2 海外メディアのニュースで新しい状況を聞き、
3 日本のニュースで理解を深める。

という繰り返しを１週間続けたあと、

4 TIME か Newsweek でその週の進展のまとめを読み、さらに両紙の広い取材網を生かした特ダネを読む。

ほぼ完璧な単語力増強作戦だとは思いませんか？

こうして拾える語をいくつか並べてみましょう。たとえば中国関係のある記事から挙げると……

legal, legitimate, peddling, indicted, condones, sanctioned, worshippers, preachers, defying...

という具合です。

TIME、Newsweek は国際情勢だけではない

両紙の強みは国際情勢の情報網だけではありません。ぼくは両紙の科学記事、芸術関係の記事も楽しみに読んでいました。ただし最近は科学記事が非常にすくなくなったので、読む機会が減りました。また、芸術関係の記事は両紙とも読みやすいものではありません。記者がどうしても文体を意識して、凝った文章を書くからです。

その代わりに増えたのがアジア関係の記事です。これは背景がわかりやすいので、学習者にとっては読みやすい記事が増えたことになります。

シャドーイングに慣れていない人も……

Voice of America はシャドーイングが道半ばの人が単語力増強をするのに最適です（URL は www.voa.gov です）。V. O. A. のホームページから Special English というページに行くと、毎日の国際ニュースをゆっくり読むのを聞くことができます。

またこのニュースに使う言葉は基本的な1400語に限られているので、わかりやすいはずです。もっと具合のよいことに、1400語に含まれないけれどもそれぞれの事件報道に欠かせない重要語はそのまま使われます。だから、日本の新聞の国際面を毎日読んで、Special English のニュースを聞いていると、さまざまな分野の重要な語が少しずつ頭に入ってくることになります。ぜひ試してみてください。なお、V. O. A. のホームページはどんどん改良されているので、どのページで Special English の音声を聞けるのか、わかりにくいことがあります。丹念に探すか、SSS のホームページで最新の情報を入手してください。

文法力増強は？

単語力増強はさまざまな媒体のニュースを使えばなんとか急ごしらえが可能だとしましょう。では「文法力の増強」はどうすればいいのでしょうか？

緊急避難的なやり方はない、と答えるしかありません。いまある学校文法をいくら細かく覚えても、残念ながら試験や留学、学会発表といった目的にはあまり役立たないと思われます。そもそも文法知識は語の知識よりも英文理解への貢献度は低いのではないでしょうか。少なくとも意識して学べるような種類の文法知識は、生きた英語の理解にはほとんど役に立たないのではないかと思われます。

ではどうするか？

結局たくさん読むしかないのですが、たくさん読んだあとで、書く段になって役立つ文法の知識はたしかにあります。これは文法というより、むしろ書き言葉の運用規則です。そしてそれは、外国語として英語を学ぶ人のための文法書を読むと腑に落ちます。100万語読み終わった人ならば、たとえば次のような本があるので、参考にしてください。

Intermediate English Grammar in Use

この本については、ある大学院生の次のような感想があるので、紹介しておきましょう。60万語を読んだ時点の感想です。

「最近、*English Grammar in Use* をやり終えました。*English Grammar in Use* は左側に文法の説明、右側に例題という形式です。

文法の説明は、ネイティブの視点で書かれているので、will や be going to の違いなんかもわかりました。今までやってきた文法書の中では一番わかりやすかったです。」

たくさんの生きた英文に触れたあとで読む、英語で書かれた文法書は、おそらく運動のあとの冷たい水のように体にしみこむにちがいありません。

学校文法の unlearn

けれども「めざせ100万語！」には、日本の学校英語でいうような文法はいりません。むしろ害になります。捨てるべきです。第14講以下では、文法を unlearn するための話をしましょう。

第2部　理論編

unlearn のために

第2部では、音、語彙、文法について、学校英語がいかに誤解しているかを、例をあげて解説します。

どうしても辞書を引きたくなる人、和訳しなければわかった気になれない人は、じっくり読んで、学校英語の常識を unlearn、つまり捨てましょう。英語の先生には、少々刺激の強すぎる話もあるでしょうが、学校英語の常識がいかに現実離れしているかを知るために、ぜひ読んでほしいと思います。

第12講から第16講まで、多少理屈っぽい話が続くので、「いい加減読み」にすっきり入れた人やもともと学校英語には親しみが持てなかったという人は、無理に読むことはありません。そのひまに英語をたくさん読んでください。

第12講 「音の常識」を捨てる
——聞こえたままの音を出す

学校の教室で聞く「英語の音」は独特の特徴を持っていて、世界中どこにもない「英語」です。どれほど奇妙かは『どうして英語が使えない?』でくわしく書きました。ここでは日本語の音をできるだけ離れて、英語本来の音を体得するにはどうしたらいいかを説明します。

第5講でシャドーイングという練習法を紹介しました。シャドーイングで効果をあげるには、カタカナ英語の癖を捨てて、聞こえてくる英語の音を素直に繰り返せるようになる必要があります。

これは自分が自分でなくなるような、ある意味で気持ちの悪いことです。母語以外の言葉を発することはどうしても不自然なことです。ですからだれにでもすすめるわけではありません。シャドーイングは嫌いだ、本が読めれば十分という人は、英語の音を無理して出せるようになる必要はないのです。

自分の中にもう一つの「声」を作る覚悟ができたら、日本語の音の特性と英語の音の特性を理解することに進みましょう。

日本語の癖、英語の癖

この話題はそれだけで1冊の本になるくらいの大きな問題です。それに、たとえば一つ一つの母音が英語と日本語でどれほどちがうかについては、『どうして英語が使えない？』でかなりくわしく書きました。ここではシャドーイングをするときに大事なことをすこしだけ解説します。

シャドーイングがうまくできない原因はいろいろありますが、最大の原因は日本語の癖を英語の音に持ちこむことです。日本語の癖の中でいちばんシャドーイングの邪魔をするのは「子音のあとに母音をつける」癖です。そしてもう一つは、音節の強弱によって、消えてしまう音や音節があることです。

マクドナルドの法則

前著『どうして英語が使えない？』でマクドナルドの法則を紹介しました（もちろんぼくが勝手に作った法則です)。子音のあとに母音をつける日本語の特性を理解するのに、とてもわかりやすい説明だと思うので、ここでも簡単に説明しましょう。

ハンバーガー店のマクドナルドは英語で McDonald's と書きます。これを英語式に読むと、極端な場合は「ダーンス」としか聞こえません。この綴りの中で、c と l と d と s には母音がついていません。非常に乱暴に言ってしまえば、母音があとに続いていないので、この五つの子音は声として聞こえてきません。
（あまりに乱暴で、すぐに訂正しなければならないことが少なくとも一つあります。sの音はあとに母音がこなくても声になります。）
ところが日本語の子音はきわめて少数の例外をのぞいて、かならずうしろに母音が続きます。そこでMcDonald's を音にするときにも、mとcとlとdとsのあとに母音をつけて「マクドナルド」と読みます。

カタカナ英語は長くなる

くらべればすぐわかるように、「ダーンス」と「マクドナルド」では音節の数がちがいます。「ダーンス」の最後の「ス」のあとには母音がないので、1.5音節くらいの長さです。一方「マクドナルド」は6音節です。
シャドーイングで、耳から入ってくる英語を追いかけているときに、この差は決定的です。「ダーンス」と聞こえた音を「あ、McDonald's だな」と思ったとたん、「マクドナルド」と6音節で繰り返していたら、たちまち4、5音節分遅れてしまいます。耳から入ってくる英語の方はその間に数語先へ行ってしまい、ついていけなくなります。
したがってカタカナ変換をしている場合のシャドーイングは、往々にして「ぶつ切り」になります。カタカナ変換できたところだけすぐに繰り返せるのですが、続く部分を聞く余裕も繰り返す余裕もなくなって、無言になります。しばらく絶句していると、またカタカナ変換できる語が聞こえてきて、それだけは繰り返せますが、また遅れをとって、無言になるしかありません。

「カッ」と「カッ」

「めざせ100万語！」の授業でシャドーイングをやるときは、子音のあとに母音がないときに、その子音を声にしない練習をします。

そこで cut と cup はともに「カッ」としか声にしないことになります。丁寧なイギリス英語ではかすかに t を発する人がいますが、授業では英語の特性を納得してもらうために一切出しません。なお、語末の p を声にする人は、（外国人に英語を教える場合でもない限り）いないと思われます。

聞こえない音はどこへ行った？

したがって、look、looked、looked は「ルッ、ルッ、ルッ」と聞こえます。それで現在、過去、過去分詞の区別はできるのでしょうか？

一つには、話の流れからわかります。もう一つ、looked を言う場合、最後の t は声にはなっていないものの、頭の中では言っています。そして不思議なことに、looked の k、t を頭の中で言えるようになると、聞こえない k と t が聞こえるようになります。おそらくかすかな違いがあるのでしょう。

同じように、はじめは Kate、cake、cape、cave はどれも「ケィッ」としか聞こえませんが、シャドーイングを続けていると、語尾のかすかなちがいが聞こえるようになります。Mcdonald's の m も c も l も、聞こえたとおりにシャドーイングしているとそのうち聞こえるようになります。**「言えなければ聞こえない！」**これも標語の一つです。

音節の弱肉強食

マクドナルドの法則からは、もう一つ意味を引き出すことができます。それは強い音節はどんなに早く言っても長さが変わらずに生き残り、弱い音節は早く言うとどんどん聞こえなくなってしまうという特性です。

McDonald's は、英語の音では唇を閉じて言い始めますが、声にはなりません。Mc には強勢がないので、声帯も息も使わないところまで弱くなってしまうからです。同じように al も強勢がない音節なので、かぼそくなってほとんど消えてしまいます。

暖かい国、寒い国

子音のあとに母音をつけてしまうのは、暖かい国の特徴ではないかとぼくは思っています。たとえばイタリア人が英語を話すときは、どうも日本人と同じように子音のあとに母音をつけるようです。スペイン人もおなじだそうで、スペイン人と英語で話したら、とても聞き取りやすかったと言っている人がいました。

逆に寒い国は子音のあとに母音がこないことがあり、子音自体も耳障りな音になるようです。h の音は英語ではいちばん弱い子音ですが、これさえも日本の「ハヒフヘホ」の子音にくらべればはるかに強い、耳障りな音です。『どうして英語が使えない？』で書いた説明をここでも繰り返しましょう。

たとえばシェイクスピアの悲劇「ハムレット」のHの音はフランスではまったくなくなって「アムレ」のようになり、日本語ではあるかないかという弱いHの音で「ハムレット」、イギリスでは息の音が強く響く「ハムレッ」、そしてロシア映画の「ハムレット」ではほとんど「ガムレッ」のように聞こえます。

頭韻は英語の病気

英語では子音がいかに強く、また母音から独立しているかをよく示しているのが、頭韻という「癖」です。病気と言ってもいいでしょう。日本語の病気は七五調で、言葉がちょっとでも言葉自体を意識すると、すぐ七五調が顔を出します。標語を作れ、なんて言われると、七五調になりますね。あれとおなじで、英語が言葉の響きのよさを意識すると頭韻に走るのです。

日本語では子音のあとにほとんど例外なく母音がくっついているので、子音だけが独立して頭韻と感じられることはありません。子音に続く母音も同じでなければ頭韻とは感じられないのです。例をあげましょう

> 神田鍛冶町角の乾物屋で勝ち栗買ったが堅くて噛めない、返して帰ろう

ところが英語では子音が独立して頭韻と感じられるようです。これも例を挙げましょう。ピンクレベルや赤レベルの、英語国の子どもが自分で本を読めるようになる

ための本は、頭韻が頻繁に使われています。*Big Bear, Small Bear* のところでちょっと説明した通りです。

もっとよく見かける例はののしり言葉のたぐいです。英語では God とか、Devil とか、bloody といった言葉はみだりに使ってはいけないことになっているようで、頭韻を使ってそれとなくそうした言葉を思わせる言い回しがあります。たとえば、

For God's sake！ → For Goodness sake.
bloody → blooming
What the hell...！ → What the heck...！
What the devil...！ → What the dickens...！

など、枚挙に暇がありません。

頭韻は七五調とおなじで、ときには安っぽく感じられたり、甘ったるく感じられることがあります。映画「ジュラシック・パーク」の原作ではパーク内の区域の名前がすべて頭韻になっていたので、甘ったるいという書評がありました。

東京ディズニーランドが少々安っぽくても、甘ったるくても、文句を言う人はいないでしょう。ディズニーランドへ行ったら、ぜひ頭韻を探してください。いっぱいあります。そもそも Mickey Mouse、Minnie Mouse も、Donald Duck、Daisy Duck も頭韻の名前です。「ホーンテッド・マンション」で並ばされたら、入り口直前の墓碑銘を観察するといいでしょう。ふざけた頭韻がたくさん使われています。

日本語と英語にはおなじ音は一つもない！

ｈの音にかぎらず、英語の子音は概して日本語の子音より強く耳障り、さらに母音の種類は20以上もある、というわけで、結局日本語と英語にはおなじ音は一つもありません。

そこで、どんなに奇妙に聞こえようとも、聞こえたままに繰り返さなければならないことになります。日本語の音で代わりをさせることはあきらめてください。

実際、一つもおなじ音がないのだから、驚きです。たとえば上で説明したｈの音などは、学校では日本語と英語でちがう音だということを教えてくれません。けれどもちがうという例を挙げましょう。

「一橋大学をなぜＨで書きはじめるのか？」

あるときイギリス人からこういう質問をされたことがあります。その人はレッドパスさんと言って、ケンブリッジ大学の英文学の教授で、一橋大学に１年間、交換教授として来ていました。まもなく帰国というときになって、講師控え室で知り合った何人かの人と一緒にお別れのお茶会をしました。

そのときに出た質問が「一橋大学をなぜＨで書きはじめるのか？」です。レッドパスさんは、１年間不思議で仕方がなかったことを、まもなく帰ってしまうのでどうしても聞いておきたい、という様子でした。

居合わせた日本人はぼくも含めて、質問の意味がわからずに言葉が出ませんでした。一橋を Hitotsubashi と書くことがどうして不思議なのか？

するとレッドパスさんはこう聞き直しました。「なぜSitotsubashi と書かないのですか？」

それを聞いて、同席していたアメリカ人の講師がこう言いました。「ああ、日本人はhの音が出せないのですよ。九州の人にはきれいに出す人がいますけどね」

レッドパスさんにも、答えたアメリカ人にも「ヒトツバシ」は「スィトツバシ」と聞こえるらしいのです。おそらくレッドパスさんは、１年間の滞在中に「一橋大学」の名は何度となく耳にしたでしょうが、それが全部Sitotsubashi に聞こえた、でも誰も彼もそう発音するので、帰る直前まで聞きそびれたのでしょう。

そもそも日本語の「ハヒフヘホ」は、全部が全部hの音で始まっているわけではありません。よくよく聞いてみると、「ハ、ヘ、ホ」はきわめて弱いhの音に近いようですが、英語のhは口の奥で出しているのに対して、「ハ、ヘ、ホ」は口の前の方で出しており、「フ」は唇を突き出して、上下の唇の間で出しています。そして「ヒ」はドイツ語の ch とおなじだなどと言われますが、そうではなく、ぼくの場合、舌の先を動かしながら出しています（ドイツ語の milch〈ミルク〉などの ch はのどの奥近くから出る音です）。

こうやってくわしく見ていくと、なるほど日本語とほかのどんな言葉とのあいだにも、おなじ音などあるわけがないと思えてきます。

その通りです。pもbもkもgもtも sh も ch も、みんなちがいます。母音ももちろんちがう。ではそういうちがいを一つ一つ説明して、舌の位置、あごの開き方、声帯の震えの有無などを細かく練習すれば、英語の音になるのでしょうか？

分析的方法よりシャドーイング

それは長い間ぼくも授業でやってきました。けれども誰一人、ぼくの指導で英語の音を獲得することはありませんでした。

ところがシャドーイングをある時間やると、ほとんどの人が英語の音に近くなるのです。一つ一つの音を分析して口の各部分を「正しく」使う練習は、結局効果がないのに、シャドーイングをしている間は英語の音に近づくのです（なぜそんなにまでして近づこうとするのか、については『どうして英語が使えない？』を読んでください)。

そして、何人かの人は驚くほど日本語にとらわれない音が出せるようになっています（数はまだ少ないのですが……)。

その中にはシャドーイングをはじめて2、3カ月ですっかり変わってしまった人たちがいます。ぼくは自分の出している音に神経質だったので、学生の音にも敏感になっています。そこで、いわゆる帰国子女はほんの一言話すのを聞いただけで、聞き分けられます。それがちょっぴり自慢でした。

ですから、授業がはじまって数カ月もたったところで、二人の学生が見事な音でシャドーイングするのを聞いて、「しまった、なぜ今まで見逃していたのだろう？」と焦りました。聞いてみると二人とも外国に行ったことはなかった。つまり数カ月のあいだに変身したのでした。

ほかにもシャドーイングで学校英語の音を離れた人は何人かいます。まだ少ないとはいえ、英語を聞き、話せるようになるためには、ぼくがいままで試したやり方の中で、シャドーイングというやり方がいちばん望みがあることはたしかです。

「精読より多読」と同じ原理

これは実は多読について推奨してきたやり方とよく似ています。英文を理解するのに、「分析するな」、「漠然とわかればいい」という助言は、個々の音を磨くのではなく、文全体を少しずつ英語の音に近づけていくやり方とおなじ原則にしたがっていると思います。

別の言い方をすれば、シャドーイングは赤ん坊が母語を獲得していくときの過程をまねしようとしていると言えるでしょう。

大人のまねをする赤ん坊のまねをする大人……。

なんでもかんでも母語獲得過程をそのまま取り入れれば外国語が身に付く……かどうかわかりませんが、どうも理屈に合っていそうな気がするのです。

したがって、基本的な方向はまちがっていないと思います。いつかもっとはっきりした成果を報告できればと願っています。

第13講　「単語信仰」を捨てる
――「語学は単語」ではない

おそらくぼくがどんなに大きな声で反論しても、語学は暗記だ、あるいは単語だという「常識」は世の中からなくならないでしょう。書店の棚は『語源で覚える2000語』とか、『入試頻出3000語』とか、『ビジネスの基本400語』といった名前の単語集であふれかえっています。インターネットでも「TOEIC　TEST 全3000単語を30時間で完全暗記」するためのソフトウェアが宣伝されています。

たいていの人は「単語さえ覚えればなんとかなる」と思っています。英語がわからないという人がよく口にする「なにしろ単語を知らないので」という言い訳は、この「単語信仰」をものがたっています。

一橋大学の場合

英語の先生でも、その苦行を通過しなければいけないと思っている人ばかりだと思われます。単語テストをする先生、授業中に語源の解説をはじめる先生、なにかというと副詞形は？ とか、名詞形は？ と質問する「派生語先生」――みんな「語学は単語」あるいは「まずは単語」と思いこんでいるのです。

数年前、英語が得意な人が受験することで知られる一橋大学で、めずらしい試みがありました。一橋大学の英語の先生たちは「このごろの学生は単語力が落ちている」と思ったらしく、7000語の単語集を独自に作って新入生に持たせ、1学年の終わりに単語テストをすることにしました。

大学の先生まで単語集を作っているのであれば、一般の学習者が「語学はやっぱり単語だ」と思いこんでいても誰も責められないでしょう。けれども、「常識」はまたしてもまちがっています。

当たり前のこと

たとえば help というのはどういう意味でしょう？ ふつうはとっさに「助ける」と答えるでしょうが、実はいろいろな意味があって、単純に「助ける」ではないし、そもそも help というだけでは、名詞か動詞かもわかりません。単語一つだけ存在しても意味は表れてこないということです。

ごく簡単な例を出しましたが、これは「語学は単語ではなく、文である」ことをはっきり示す例です。単語一つで意味を表すことはできません。たとえ一言だけ口にするような場合でも、その一言が出るにいたった状況があり、それを耳にする人がいて、はじめて意味が定まってきます。となれば、一言でも文を形成しているのです。

文から切り離して、語源や派生をたよりに、単語の意味を訳語と結びつけて覚えることなど、害ばかりで何の益にもなりません。head は「頭」ではないし、water は「水」ではありません。of course はもちろん「もちろん」ではなく、a few は「二、三の」ではありません。英語に使われる語の意味を、日本語の訳語でわかったつもりになることはきわめて危険です（くわしくはぼくの書いた『どうして英語が使えない？』を見てください）。

意味は浮き出してくるもの——理想的な覚え方！

語の意味は辞書など引かずに、その語があらわれる文にたくさん触れて、そこから意味が浮き出してくるのをじっくり待つのが理想です。英和辞典を使った「インスタント」な理解は、「急がば回れ」の深い理解にはかないません。

「浮き出してくる」ということを、実例でもう少しくわしく説明しましょう。ぼくの娘の例です。娘は9歳のときにイギリスに1年3カ月行きました。英語はまったく学習したことがありません（ぼくは自分の英語の音を聞かせてはよくないと思って、一切指導をしませんでした。イギリスに行ってからもまったく指導していません）。

イギリスの公立小学校に通いはじめて3カ月たったところで、一度だけ「父さん、be ってどういう意味？」と質問してきたことがあります。どうしてこんな質問をたった一つだけしてきたのか、ぼくは考えました。

娘はまったくの白紙で英語に触れはじめ、一生懸命先生や友だちの発する音に「意味」を見いだそうとしたにちがいありません。最初は一つながりの団子状態だった

「文」が、だんだん一つ一つの語に分かれていったのでしょう。
たとえば、

ジュニーハウッ？　(Do you need help?)
ハウッミー　(Help me.)
アゥハウッピュゥ　(I'll help you.)

などという言葉を先生や同級生から何度も聞くうちに、「ハウッ」とか「ハウップ」と聞こえる部分が、文字で書けば help という一つの語だとわかり、意味もだいたいわかってきた――そういうことだったのだと思います。これが「浮き出してくる」ということです。

be ってなに？

そのうち、何度も出てくる is、are、'm、'reなどが、実は be という語であるらしいことがわかってきたのでしょう。ところがこの be がどういう日本語にあたるのか、どうしてもわからない。それで、さきほどの「be ってなに？」という質問になったのだと思います（ちなみにぼくの答えは、「それがわかる人は世界中に誰もいないんだよ」でした）。
さいわい娘に一切英語の指導をしなかった（実は、できなかった）ので、子どもがどういう風に言葉を獲得していくか、そのいちばん大事なところを見せてもらったと思います。文が語に先立つのです。言葉の本質は語ではなく文なのではないでしょうか？

たくさんの英文を見たり聞いたりして、そこから単語の意味が「浮き出してくる」のが、「めざせ100万語！」の方法です。「めざせ100万語！」では、辞書を引きません。引かないからこそ、ある生徒のように「study には「じっと見る」っていう意味がありませんか？」という発見があるのです。そうした発見をいくつもすることで、一つ一つの言葉を大切にするようになり、言葉の感覚がみがかれるのだと思います。

「alone てどういう意味ですか？」

こう質問した人がいます。赤レベルの *Frog and Toad Together* を読んでいたら、最後に They were sitting alone together. という文が出てきて、「alone が「一人で」という意味だとすると、together は変だ」と思ったというわけです。二人が一人で一緒？

alone はほとんどの人が「一人で」という意味だと思っているはずです。たとえば、子役のかわいらしい演技で有名になった「ホーム・アローン」は、我が家に盗みに入った泥棒二人を8歳くらいの男の子が「一人で」退治する痛快な映画でした。

「alone＝一人で」もまた、いつの間にかぼくたちの頭の中に定着してしまった「まちがった訳語」ですが、英文をたくさん読んでいるとそうしたまちがった訳語はたちまち化けの皮がはがれ、「alone ってどういう意味ですか？」とあらためて問い直すことになります。

ぼくはその質問に答えませんでした。ただ「そのうちわかると思います。ぼくが「これこれこういう意味です」と説明してしまうと、「そうか、わかった！」という発見の楽しみがなくなってしまうから、答えません。いつか alone の意味がわかったと思ったら、知らせてください」とだけ言いました。alone はしばらくのあいだ、頭の中でしこりとなってこの人を悩ませることでしょう。悩んだ分だけ、わかったときのうれしさも大きいことでしょう。

答えなかった理由は発見の楽しみだけではありません。たくさんの英文に触れてわかる以外の抜け道では、まともな理解には到達できないのです。

実はわたしたちは、日本語に対してもいろいろな場面でそうした感覚をみがいていて、だからこそ日本語で話がかわせるようになったのだと思います。ゆめ、単語集などに心ひかれないことを祈ります。

Word Power Made Easy——アメリカの単語力速成本

だから、受験対策であろうと、TOEIC 対策であろうと、単語集を使って覚えるなどということは抜け道であって、やけのやんぱちの最後の手段です。

ところが、アメリカにもそういう抜け道をたどろうとする人がいるようです。1948年に出版された *Word Power Made Easy* という単語集は、渡部昇一さんという上智大学の英語の先生が昔すすめていました。大学の先生がすすめているからといって、良い方法だということにはなりません。それは一橋大学の単語集の例と同じことです。

念のために、どう見当はずれなのか解説しておきましょう。*Word Power Made Easy* は逆立ちした論理から書かれています。ごくはじめの方に次のようなことが書いてあるのです。

「社会的に成功した人たちはみな単語をたくさん知っている。だから単語をたくさん知ることは成功への近道なのだ」

とんでもない話です。仮に「成功者は単語をたくさん知っている」ということが事実だとしても、その人たちは *Word Power Made Easy* のお世話になったからではないでしょう。

アメリカの社会的成功者が単語をたくさん知っているのは、おそらく本をたくさん読んだからではないでしょうか？　本を読んだ副産物として単語をたくさん知ることになったと考えていいのではないか？ だとすれば、たくさんの語を知るにはたくさんの本を読むべきだということになります。

社会的に成功している人はみんな豪邸に住んでいるというので、「じゃ成功するためにわたしも豪邸を買おう」という人はいません。豪邸が社会的成功の結果であって、原因ではないことは明らかだからです。そのうえ豪邸は高い！　ところが、単語集は安いので、結果を原因と勘違いして買ってしまいます。しかしそれで英語が使えるようになったという人は見たことがありません。見たことがあるのは入学試験に合格したり、TOEIC でよい点数をとった人だけです。

アメリカ人は抜け道が大好きなようです。ビタミン剤も健康法も大歓迎するようです。けれどもみんな本末転倒です。健康的な生活をすべきなのに、それはせずに薬やエクササイズで間に合わせようとします。そういう早とちりを生半可にまねすることだけはしたくないものです。

多読を通じて（多少とも）深い理解へ

では、大量の英語に触れるとどんな理解に達するのか？　英和辞典に書いてない、どんなことがわかってくるのか？　実例で説明しましょう。ぼくが発見した「言葉の本質は単語ではなく、文である」を敷衍すると、学習法としても「言葉の獲得は文から」がまっとうな道のはずです。

特に基本語は意味が多くて、一つや二つ、いや、5個や10個の意味を覚えても、ほとんど意味がありません。山ほど実例にあたって、そこからじわじわと、いちばん根っこにある意味をつかんでいく以外に、手はないのです。多読の効用を知ってもらうために、「めざせ100万語！」式の（ちょっと）深い理解を実例でお見せしましょう。

たとえばとても基本的な語、say と speak と tell と talk の違いを言えるでしょうか？　訳語で理解しようとすると、「言う、話す、伝える、話す」のように、どれも似たような日本語になってしまいます。とくに自分で英語を話したり、書いたりするとき、どれを使っていいかわからないのではありませんか？

訳語による理解をやめる

日本語に訳さずに英文にたくさん触れていくと、次のようなことがわかってきます。

まず、say は誰かの発言の「内容」を話題にするときに使う。つまり say のあとにはかならず言った内容が続きます。

speak は内容には関心がなく、漫画で言えば「吹き出し」に関心がある場合に使う（say は吹き出しの中身にだけ関心があることになります）。だから「日本語を話す」を英語で言う場合は、日本語は内容ではなく吹き出しにあたるので、speak Japanese となって、say Japanese とは言わないのです。

tell は say に似ていますが、「内容」と「相手」の両方に関心があるときに使います。だから tell のあとにはかならず言った内容と、伝えた相手の両方が来なければいけません（もちろんこの基本的な使い方から発展した使い方があって、そのときは両方がそろっていないこともあります）。

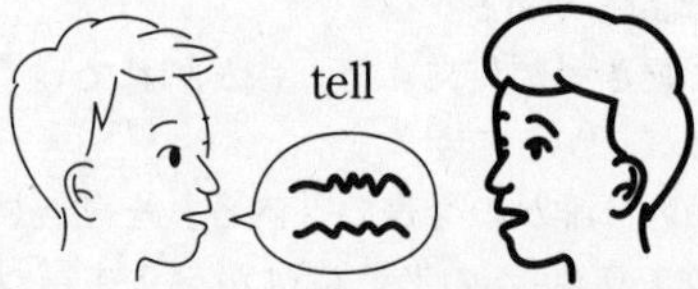

そして最後に talk は tell という作業を、「相手方もしてくる」場合に使います。相手もこちらに内容のあることを話してきたことが前提になるわけです。たとえば、もうけ話をもちかけて、なかなか応じてくれなかったのに、やっと色よい話が返ってきたときに、Now you're talking. ということがあります。「やっとそっちからも実のある内容が返ってきたな」という意味で、「そう来なくちゃ」と訳せる場合があります。「来なくちゃ」というところに、相手方からもいい話が戻ってきたという気分が出ています。

こうした「もっと深い」理解には、訳語は役に立ちません。日本語と英語では場面の切り取り方がちがっていて、ぴったり当てはまる語が日本語にはないからです。

上の解説がすべて「……場面に使う」のようになっていたことに注意してください。訳語をあてることは百害あって一利なしです。どういう場面で使うか、それしか理解の手だてはないのです。

そして英和辞典にはこんな大切なことが書いてありません。

look と see

同じことが、これまたとても基本的な look と see についても言えます。この二つの語についても、ぴったり対応する日本語はありません。よく英和辞典などでは look は「見ようとして見る」、see は「自然に目に入ってくる」などという説明をつけていますが、英和辞典にありがちな半知半解の解説です。辞書を一生懸命作っている人たちは、とかく一語一語に注意がゆきすぎて、それぞれの語が使われる状況をとらえていないことが多いのです。

たとえば、Look and see. という決まり文句は、「ほら見てごらん」という状況でよく使われますが、英和辞典の説明通りなら「見ようとして見ると、自然に目に入ってくる」ということになり、矛盾してしまいます。

辞書を放棄して大量の英語に触れていると、少しずつ少しずつ look と see の違いが自然に目に入ってきます。**look** には別に「見る」という意味はありません。たくさんの例を素直に見ていくと、**「目を向ける」**という意味しかないことがわかってきます。どこに目を向けているかを at 以下が示しているのです。「見たか見ないか」

は問題ではありません。

だからこそ You look happy to meet me.（「エーデルワイス」という歌の英語の歌詞）などという使い方があるわけです。この look を訳すとすれば、どうしたって「うれしそうに見える」という風に、辞書では see の訳語になっている「見える」を当てなければならないでしょう。けれども「目を向けた」が基本的な意味だとわかれば、そうした矛盾はなくなります。「目を向け」ている、つまり顔がこっちを向いていて、その顔がうれしそうなのです。

see にも基本的には「見る、見える」という意味はありません。むしろ英英辞典にあるように**「(眼を通して)認識する」**と言うべきでしょう。だからこそ I see. が「なるほど」(耳から聞いたことだけれども、眼で見たようにはっきりと理解しました）という使い方があるわけです。

これを図であらわすと違いがはっきりします。look は矢印が「眼から外へ」向かっているのに対して、see の矢印は「眼から脳」へ向かっていて、使い方がきれいに分かれているのです。

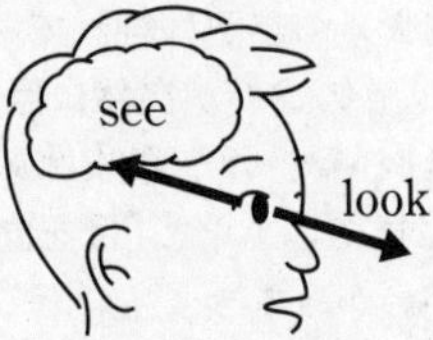

つまり look と see は眼を出発点にして、矢印の向きが逆なのですね。look は眼から外へ、see は眼から脳へ、矢印が向かっています。

Look and see. という決まり文句の意味もこれではっきりします。「目を向けて、眼を通ってきたものを認識しなさい」、つまり日本語の似た表現で言えば、「見てごらん」ということになるわけで、矛盾はなくなります。

(少しだけ) 深い理解への道

問題はどうやってこうした理解に達するか、でしょう。英和辞典には上のような説明は見あたりません。第16講で解説する the と and にしても英和辞典はいちばん大事なことを説明してはいません。英和辞典に書いてあることは基本的に「訳語」であって、意味を定義しているわけではないからです。

授業中に「こういう理解は辞書には書いてないんだよ」と言って、基本語の「深めの意味」を説明すると、かならず「重要語の意味で辞書ではわからないことを、もっと教えてください」という声が出てきます。

そんなことは不可能だと、ぼくは答えます。上の説明だって、読んですぐになんらかの理解ができるわけではありません。単なる説明であって、読者が自分で「腑に落ちた」体験をしたわけではないのですから……。

何度も書いたように一人一人が「大量の英語に触れる」ことで、それぞれの理解に達する以外に道はないと思います。辞書もぼくの解説も抜け道です。上の例は「辞書ではだめ、たくさん触れるとどんな語についてもこういう理解ができるようになるよ」といっているにすぎないのです。

いわば、人が登った道の説明を聞いただけでは、自分で登ったときのようなさわやかな気分は味わえないということでしょうか。

さて、また登っていきましょうか。

第14講　それでも単語を増やすには？
——どのくらい読めばいいのか？

さて、単語集や辞書にたよることはあきらめたとしましょう。でも辞書も単語集もたよりにせずに「単語」を増やしていくには一体どのくらいの英文に触れればいいのでしょうか？

またクラッシェンさんに登場してもらいましょう。クラッシェンさんの *The Power of Reading* という本に、ヒントになる研究が紹介されています。英語を母語とする子どもたちは、100万語を読んで1000語を身に付けるという説です。ぼく自身おそらく３万語は知っているでしょう。そして今までに読んだ量は少なくとも3000万語でしょう。大体クラッシェンさんの紹介している数字にあっていると思われます。ぼくの自身の数字はいい加減なものですが、桁は違っていないと思います。

第４講で書いたように、中学校の教科書は３年間で総単語数１万にもならないでしょう。学習指導要領によると、それで約1000語を学習することになっていますから、クラッシェンさんの書いていることによっても、ぼくの体験によっても、触れ方が圧倒的に足りません。すべての基本語が未消化にちがいありません。
　しかも学校英語はいちいちの語にゆがんだ訳語を当てていますから、まずそうした汚れを洗い流さなければならないとすると、1000語を身につけるには100万語をはるかにこえる量を読む必要があるでしょう。

認識語彙と使用語彙

　ここでどうしても、獲得する語の種類を二つに分ける必要があるように思います。一つを認識語彙、もう一つを使用語彙と呼ぶことにしましょう。

・認識語彙は、
「読むなり聞くなりしたときに意味がわかる言葉」
・使用語彙は、
「自分で書いたり話したりするときに使える言葉」

のことだとしておきましょう。
　この２種類はいままでほとんど区別されていませんでした。東大などの難関大学に合格するには、6000語あるいは7000語を知っている必要があると言われてきましたが、これがここでいう認識語彙にあたるのか、それとも使用語彙のことなのか、いままではだれも問題にしてきませんでした。

目標1000語

　使える英語をめざす「めざせ100万語！」では、使用語彙1000語を目標にしようと思います。

たったそれだけ？ という声が聞こえてきますが、ぼくは1000語でも多すぎるくらいだと思っています。第4講の *Fly Away Home* (Penguin Readers, Level 2) を思い出してください。いちばん心に残る場面で父親が娘を勇気づける言葉は、もっとも基本的な100語か200語の範囲内で語られているのでした。

父親と娘が、親鳥を亡くした雁の越冬を先導して南へ向かっているとき、父の小型機が不時着し怪我をしてしまいます。カナダからはるばる連れてきた雁たちが、あとわずか30マイルで目的の湿地帯に到着するというときに、すべてが水泡に帰そうとします。そこで父親は、数年前に交通事故で亡くなった娘の母親のことを思い出しながら、こう言って女の子をはげますのです。

> 'It's only thirty miles,' Dad said. 'One hour. You can do it.'
>
> 'I can't.'
>
> 'You can. I know you can. You and your mum are the same. She went and followed her dream. You can too. This is your dream.'
>
> 'I want Mum now,' I said.
>
> 'She's here,' Dad said. 'She is. She's next to you. She's in the geese, she's in the sky, she's all around you. She is. And she'll help you.'

なんという簡単な言葉でしょう。けれどもこの本をずっと読んでくると、このやりとりは読んだ人を感動させる力を持っています。

第4講で書いたように、*Fly Away Home* 全体が500の基本語だけで書かれていることを考えると、基本語の表現力には本当に驚かされます。日本人なら誰だって、たとえ大学の英語の先生だって、基本の500語を使いこなして *Fly Away Home* のような文を自由自在に書けるようになりたいものだと思うにちがいありません。

専門語はどうする？

「めざせ100万語！」がめざす表現力は500語をはるかに越える1000語です。1000語を使って話し、書けるようになれば、日常生活で不足する場面はないでしょう。もちろん、実際に毎日の暮らしに必要な言葉はずっとずっと多いはずですが、基本的な1000語が使えれば、さまざまな専門的な場面でも、必要な語をやさしく言い換えて表現できます。たとえば「腹痛」という言葉を知らなかったとしても、pain という基本語を知っていれば、

I have a pain here.

と言ってお腹を指せば、お医者さんは、

Oh, tummyache.（子どもの場合）

とか、

Ah, stomachache.（大人の場合）

と言って、専門語を教えてくれるはずです。

つまり、1000語が使用語彙として獲得できていれば、英語使用国に行ったとしても、それ以上の語は1000語の網にひっかかって、まず認識語彙として、次に使用語彙として、体にしみこんでいくはずです。

イディオムはどうする？

専門語以外に、もう一つ graded readers に欠けているものがあります。いわゆるイディオムです。英語国の日常生活はたとえば、

How do you get past her name?
(パトリシア・コーンウェル、*Isle of Dogs*『女性署長ハマー』)

といった「イディオム」がいっぱいです。使われている語は、基本500語の中に入っていそうなくらい「やさしい」語ばかりですが、それぞれの語のもともとの意味を合わせていっても、「あんまりな名前ね」という意味合いまではくみ取れません（上の引用は Windy Brees という女性の名前についての感想で、下手な駄洒落です)。

けれども、イディオムが使えなければ生活できないわけではないのです。*Fly Away Home* のような graded readers は、イディオムを使わなくても十分いろいろなことが表現できるのだということを教えてくれます。そしてイディオムも、専門語と同じように、基本語を使っ

て獲得していくことができます。

さて、こうして数百の基本語の表現力を確認したところで、現在の学校英語に代わる実用的な目標を考えてみましょう。夢のような話ではありますが……。

中学で1000語、高校で3000語を！

できれば学習指導要領が目標としてあげている1000語を、中学卒業時の認識語彙として達成したいものです。そして使用語彙500語が達成できれば理想的です。いまの学校英語ではとても望めませんが、大量に英語に触れるやり方を採用すれば十分可能だと思います。中学３年間で100万語読むことになります。

そして高校卒業時の目標は認識語彙3000語、使用語彙1000語です。つまり高校３年間で200万語に触れるわけです。このくらい英語に触れていると、専門書以外ならば英語を母語とする国の高校生と同じ程度の本を読むことができると思われます。英語の本を読むのだからといって、量を少なくしたり、程度を落とさなくてすみます。つまり英語を学ぶためというよりは、自分の楽しみや関心のためにペーパーバックを読むことができるわけです。

そして大学では……

理想的には、大学最初の２年間であと2000語分つまり200万語分読んで、認識語彙を5000にしたいものです。これはかなり程度の高い本を読めるということです。肝心な語だけを辞書で引けば、TIME や Newsweek も読めるかもしれません。そのまま大学を卒業してもいい英語力といっていいでしょう。

できれば3、4年生の2年間に、一方で読書を続け、さらにインターネットや海外のテレビ放送を通してニュースやドキュメンタリー番組に触れていれば、さらに2000語、3000語をふやすことはそうむずかしくないはずです。すくなくともいちばん基本的な3000語よりは、はるかに短い時間で体得できるでしょう。

ごく一部の、専門職や研究職に進む人は、その上に自分の専門分野の重要語をさらに数百か数千加えたいものです。そうすれば海外の大学または大学院に進学して大量の読書を宿題として要求されても、なんなくついていけるはずです。

そんな理想的な英語獲得が学校で可能なのか？

むずかしいとは思いますが、（ア）20人学級が小学校から中学校、高校と上にのびていき、（イ）英語の先生方が海外や国内で再研修する機会を与えられて、その上、（ウ）先生方が考え方を変えられれば、不可能ではない可能性もわずかながら残されていなくもない……。

アもイもウもかすかな可能性でしかありませんが、中でも英語の先生が考え方を変えるのは大変でしょう。でも別に学校が変わる必要はないのです。わたしたちが変わってしまえばいい……。

英語は大和言葉？

基本語の表現力をずいぶん強調してきましたが、ここでなぜ英語では基本語がそれほど大事なのか、その理由を書いておきましょう。あくまでぼくの私見ですが……。

日本語に大和言葉と漢語があることはご存じの通りです。おおざっぱに言えば漢字を使った語でも、音読みの漢字は漢語そのまま、訓読みの言葉は大和言葉を残しています。

古文を見ると、昔は今よりも漢字を訓読みにしていることが多いようです。たとえば「イカルガデラニヒツケリ」（斑鳩寺に災けり）といった具合です。落語を書き留めたものを読んでも、音読みの漢語はほとんど出てきません。明治以降、外来語を翻訳語にするときに盛大に音読みが使われ、そうした翻訳語が日本人の知的活動を支えることになって、いよいよ音読みの漢字成句が増えたのだと思われます。

その結果、現代の日本にはふだんの暮らしにも漢語が大量に入ってきて、大和言葉はきわめて形勢が悪くなっています。ぼくはできればえらそうな漢字より、なじみやすいひらがなの言葉を使いたいのですが、なかなか簡単には使えません。

日本語は常に外国崇拝の言葉？

日本の古代には中国が強大な影響力を持っていたために、大和言葉に漢字が混じりはじめました。そして明治以降、今度は西欧の影響で翻訳語が広がりはじめ、それは新式漢字として日本語の中に定着しました。この傾向がそのまま続けば、日本語は漢字、ひらがな、カタカナ、アルファベット、そしてことによるとハングル、キリル

(ロシア）文字まで混じった、世界でもまれにみる混成文字言語になりそうです。
すでに「職業安定所」は「ハローワーク」という気持ちの悪い名前で呼ばれています。トヨタは Drive Your Dreams なんていう訳のわからないことを言い出し、対抗して日産は Shift the Future です。日立にいたっては Hitachi Inspire the Next ですから、もうどこからどこまでが一文なのか、命令文かどうかもわかりません。めちゃくちゃです。国鉄は「JR」になり、言葉の無政府状態は深まるばかりです。
すべて軽佻浮薄のきわみですが、かくいう「軽佻浮薄」だって大和言葉からすれば漢語なので、軽佻浮薄です。日本語はその置かれた地理的歴史的条件のゆえに、軽佻浮薄と無政府状態をあたりまえのこととして受けいれなければならないさだめにあるかのようです（その意味で、「英語帝国主義」なる主張も中途半端で軽佻浮薄としか言いようがありません。「中国語帝国主義」のことをなにも考えていないからです。第一「英語帝国主義」という言葉自体が漢語の横暴を容認しています）。

大英帝国の場合

わがひのもとのくにには、とつくにとはことなるくにのなりたち、ことのはのありようがあります。ところが、えげれすというくにはなかなかしぶといくにがらのようであります。
たしかにイギリスも日本に似て、混成言語の国です。アルファベットしか使っていないので気がつきにくいのですが、イギリスの大和言葉に当たるものはゲルマン系の語で、漢語に当たるものはおもにフランスを経由して入ってきたラテン系の語です。

たとえば walk、eat、go、live、hand、tree などの単音節の語は、まあ土着の言葉と言っていいでしょう。対する return、library、volume、immediately など、長めの語はたいてい輸入語です。

1066年の「ノルマン征服」でフランス語を使う王室が成立した結果、支配層はフランス語、庶民は英語という二重構造になったのです。この点、古代に支配層が漢字を使って漢語まがいの文書を書いていた日本とよく似ています。

おもしろいことに英語にも湯桶読みに似た、つまり音読みと訓読みがくっついたような気味の悪い語がいくつもあります。たとえば catchment area は通学区域をあらわす表現ですが、catch はゲルマン語系で、それにラテン語系の語尾 ment を無理やりくっつけたものです。

けれども明治以降の日本人とはちがって、イギリス人は日常生活ではしつこくゲルマン系の語を使い続けています。そしてそれはアメリカも同じで、だから「スチュアート・リトル」や「グース」のせりふは１音節の語がほとんどなのです。

次の引用は「スチュアート・リトル」からのものですが、この映画にしてはむずかしい語を使っています。

Adoption isn't for everyone, but you seem like the kind of people with plenty of love to share.

Adoption と people と plenty はラテン語起源ですが、ほかは古くからブリテン島で使われていた日常語です。

堅苦しい英語

告白すると、このことにぼくが気がついたのはほんの数年前のことです。それからはつとめて1音節の語を使って話したり書いたりするようにしていますが、学校英語を学んでしまった身では、これはとてもむずかしいことです。つい big words を使ってしまい、そのたびに「ああ、stilted（ぎこちない？）だな、idiomatic（練れた？　日常語的？）じゃないな」と反省しますが、学校英語の影響はそう簡単には抜けてくれません。

big words を使いすぎて滑稽な例が「アリー my ラブ」というテレビ・ドラマに出てきます。アリーのつとめる弁護士事務所は普通の人ばかりですが、このドラマの脚本は登場人物をよく書き込んでいるので、普通の人たちがどの人も変人に見えてきます（一人芝居のイッセー尾形の言うとおりで、「よく見れば普通の人などいない」のでしょう）。

中ではただ一人、この人はよく見なくても変人という人がいます。ジョン・ケージという弁護士で、同僚たちから weird だと言われています。weird は「変わった」という意味に「気味の悪い」という意味合いがついています。

実はケージは愛すべき人で、「アリー my ラブ」の中で、ぼくはいちばん親近感を感じます。ぼくの見るところ、どうも子ども時代から青春時代は他人とうまくつきあえなかった人のようです。一言で言えば「ガリ勉」または「おたく」でしょうか。それが社会人になって、なんとかまわりの人とつきあえるようになり、弁護士事務所の共同経営者にまでなっているのだと思います。

この変人弁護士がなんでもない会話にも big words ばかり使ってしゃべります。たとえば、

Isometrics refreshes me.

といえばだれも weird だとは思わないのに、なんと、

Isometrics invigorates me.

と、のたまうのです。invigorate はラテン語起源の大げさな語で、日本語でその感じをだすとすると、「アイソメトリックをやると心機一転できる」となります（アイソメトリックは日本でも少し知られている筋肉の鍛え方です）。

イギリスの小説には big words を使う人がいくらでも出てきますが、中でも印象的なのは、P. G. ウッドハウスの小説に出てくるジーブスという執事です。この人はあらゆる分野のあらゆることを知っていて、「おばかな」主人の窮地を救います。その知識を披露するときだけではなく、普段から音節数の多い、こむずかしい言葉を使うのです。

ジョン・ケージのぎこちない言葉遣いやジーブスのも

ったいぶった物言いをそのままに、場違いな big words をたどたどしく使うのが、ぼくもふくめた英語の先生たちです。

みなさんもＤＶＤで映画を見ながら、ときどき英語字幕に切り替えて、どれほどたくさん１音節の語が使われているか確認してみてください。そうすれば、ピンク、赤、橙レベルの本を、あふれるほどたくさん読もうという気になると思います。

辞書はいつ使う？　どう使う？

「めざせ100万語！」の授業では、「辞書」は dirty word、つまり人前で口にしてはいけない言葉ですが、辞書を引かずに読む習慣がつき、100％の理解を追求しないいい加減さがきっちり身に付いたら、すこしだけ禁を解きましょう。

やはり楽しく読まなければ「めざせ100万語！」も長続きしません。「この言葉は何回も出てきた、これさえわかればもっとおもしろくなりそうだ」と判断したら、英英辞典を引きましょう。でも１回引いただけで辞書依存症が復活することもあるかもしれません。よくよく考えて引くことをすすめます。

英英辞典の選び方

引くなら英英辞典ですが、洋書店に行くといくつも並んでいます。学習用の英英辞典はどれもイギリスのもので、優劣つけがたいできばえです。特に推薦する辞書はありません。辞書にも相性があるので、見かけ、重さ、活字の見やすさなど、気に入るかどうかは簡単には決まりません。いくつも見くらべて買うといいと思います。それに財布との相性もあるでしょう！

一つの方法としては、ずっと気になっていた言葉を洋書店でいくつか引いてみてください。それで、いちばん納得のいく説明があった辞書を選んでみてはどうでしょう？　またはよくわかっている言葉をいくつか調べてみて、英英辞典のちがいをくらべるのもいいでしょう。

英英辞典なんてとても使えないと思う人もいるでしょうが、辞書を引かずに読む癖がついている人なら、英英辞典の説明は決してむずかしくないと思います。とくに読んでいる本の中で何回も出てきて、どうしても知りたい語であれば、思いのほか簡単に引けて、しかも予想があたったときの気分は実によいものです。

辞書よりインターネット！

100万語を達成して、専門書あるいは専門書に近い本を読むようになったら、ぜひインターネットを活用してください。検索エンジンに行って、意味のわからない語とその周辺の語を一緒に入力すれば確実です。いま使われている、少々生きのよすぎる英語が山ほど出てきます。それを一つ一つ見ていくうちに、そうか、こういう使い方をするのか、と納得できるはずです。

第15講　「語順の常識」を捨てる
——ごじゅんのきじゅんのむじゅん

学校英語は多読の邪魔をします。英文を見ると構文解析をしたくなり、ぴったりの訳語が見つかるまで辞書を引きまくり、100%わかったと納得できるまで何度でもおなじ文を読み返す——これは学校英語の特徴そのものです。

学校英語に浸りすぎた人には、これまでの学校英語の常識が残念ながらまちがっているのだと、理屈からわかってもらう必要があります。「めざせ100万語！」の授業でも、英語を一生懸命勉強した人を相手にするときは、学校英語の常識を壊すためにかなりの時間をかけます。

限られた紙面ですから、まちがっている点をすべて挙げて修正することはできません。ここから2講にわたって、中でも大事だと思われる2点だけについて、いかに学校英語の常識が大事なことを見逃しているかを明らかにしようと思います。まずこの講では語順のことを考えます。そして次の講では、英語でもっともよく使われるtheとandについて、語順の整理係という役割を検証していきます。

Unlearn ：英文和訳するからわからなくなる！

「めざせ100万語！」の授業では、辞書を引いたり、文法を考えたり、日本語に訳したりしないわけですが、そういう授業をやっていると聞いた年配の英語の先生が、決まって質問してくることがあります。「和訳させなければ、学生がちゃんと理解しているかどうかわからないでしょう？」

逆です。和訳させるからわからなくなるのです。

もちろん超一流の翻訳家がやるような訳であれば、訳文をたよりに理解をたしかめることも可能かもしれませんが、それができるようなら教室にはいないはずです。

古い型の先生は和訳させることで英文を理解させようとしますが、これまでの和訳に大きな欠陥があることには気づいていません。その欠陥とは、原文の語順を無視して日本語にさせることです。

語順！ 語順！ 語順！

ことばはいつも必要な順に出てきます。それを英文和訳によってひっくり返すと、たちどころに話がつながらなくなります。「和訳するからわからなくなる」ことをたしかめるために、また、うしろからひっくり返って訳す「学校英語の常識」をもう一度ひっくり返すためにも、いくつか例を見てみましょう。

まずはアガサ・クリスティーを継ぐ「ミステリーの女王」P・D・ジェームズ（P. D. James）の翻訳版『女には向かない職業』（小泉喜美子訳、早川書房）から。

きれいな鴨が一羽、緑色の水の下にもぐる前にその白い尾をうごめかせていた。(p. 130)

この文をさっと読み終わって印象に残るのは、アヒル（鴨？）が尻尾をかわいらしくぷるぷるっと振っている映像でしょう。

元の英文を見てみます。

; a bright duck cocking its white tail before disappearing in a flurry of green water.

この英文を読むと、最後に印象に残るのはかすかに波だった水面です。

どうしてこんなふうに印象が違ってくるのか。それは翻訳がうしろから訳しているからです。原文は水面の出来事を起きた順番のまま語っているので、アヒルは尻尾を持ち上げてから水中に消えて波紋が残りますが、翻訳は起きた順番をひっくり返しているので、水中に消える前に尻尾をうごめかせます！

翻訳の方を何度も読んでいると、鴨がいるようないないようないるような、不思議なめまいにおそわれ、酩酊感さえ覚えます。「不思議の国のアリス」に出てくるチェシャー猫というべきか。歌人塚本邦雄の評論集の題名になっている「非在の鴨」はここにいた……。

before は「……そのあとで」

けれども上の翻訳は学校英語の「常識」にしたがっているにすぎません。before を「……の前に」と訳すのは「英文和訳の常識」です。

常識をひっくり返して、上の英文を頭から順に訳してみましょう。

色鮮やかな鴨がひょいと尾を持ち上げると水中に消え、あとに緑色のざわめきが残った。

これならアヒルの行動が起きた順番通りに述べられています。

この文が出てくるのは女探偵と容疑者の学生たちが一つのボートに乗っている場面です。改良訳のように水面にゆっくりさざなみが広がるイメージで文が終わると、舟遊びののどかさが強調され、逆にひそかに犯人探しをもくろんでいる女探偵の緊張がにじみ出してきます。

かくれんぼの手順

鴨の例は少々文学的でした。もっとわかりやすく、いかにも before は「……したあとで」だと納得できる例を、「めざせ100万語！」の受講生が教えてくれました。

トーベ・ヤンソン（Tove Jansson）の書いたムーミンの物語の中で、かくれんぼをしている場面があります。鬼になったスニフ（Sniff）の様子がこんな風に描かれています。

Sniff stood in the corner with his nose in his paws and counted up to ten before he turned round and began hunting.

まさかこの文を「くるりと振り向いて探しはじめる前に10数えました」と訳す人はいないでしょう。だれでも「10まで数えた**あとで**くるりと振り向いて探しはじめました」と訳すのではありませんか？

つまり before が出てくる文を日本語にしなければならないときは、たいていの場合「……したあとで」とするべきであって、おなじ理由で after は「……する前に」と訳すべきなのです。

うしろから訳す「常識」があだとなって情報の順序が乱れた例をもう一つ見てみます。これはノーベル賞を受賞したウィリアム・ゴールディングの『蝿の王』（平井正穂訳、集英社）のはじめに出てくる文です。

彼もまた駆けだしたが、高台を駆けぬけながらモリスが脱ぎ捨てた半ズボンに躓いた。

Then he too started to run, stumbling over Maurice's discarded shorts before he was across the terrace.

教室の常識ではこれは満点の英文和訳といっていいでしょう。けれどもこの日本語文のあとにどんな文が続くか、ちょっと考えてみてください。おそらく「(つまずいて) 膝をすりむいた」とか、「(つまずいた) けれどもすぐに立ち上がって仲間を追った」といった文が予想されるのではないでしょうか。

実際には、この文のあとには、この少年を入れた4人が高台の端から山をみつめる情景が続きます。上にあげた翻訳文は英文和訳としては「正しい」としても、小説の内容を正しく伝えてはいないのです。

それを考えに入れて訳すと、たとえばこんな風になると思います。

自分も駆けだして、途中モリスが脱ぎ捨てた半ズボンにつまずきながら、高台の端まで来た。

これならその次の文とうまくつながるのです。

三つの翻訳の例から、before をかならずしも「……前に」と訳さずに「……あとに」と理解した方がいいことがあるとわかります。つまり、

A before B

という文では、

Bする前にAした

と訳すのではなく、

AしたあとにBした

と訳すと、原文で書かれた順番と同じ順番に訳せることになります。

before はいつも「……あとに」ではない

ただし、急いでつけくわえますが、before はかならず「……あとに」と訳せばいいわけではありません。わたしたちが何気なく使っている言葉は、実はとても複雑なもので、「公式」で単純化できるようなことがらは一切ないのです。before をいつも「……前に」と訳すのも、かならず「……あとに」と訳すのもいわば「抜け道」です。すべては文の流れ次第で決まります。

場所についても同じ

とはいうものの、翻訳をする人は、「頭から理解して、頭から訳す」という原則はいつも頭に置いておくべきでしょう。この原則は before や after のように時間を追った表現だけでなく、空間の表現にも通用します。次の例も見てください。別に接続詞や関係詞で二つの節がつながっているわけではありませんが、それでも「前から順に」の原則が生きています。

今回は日本語の文だけはしっかり読んでください。なお、出典はディック・フランシス（Dick Francis）というイギリスの推理作家が書いた『暴走』（菊池光訳、早川書房）という本の最初の方です。場面は競馬場の走路に隣接する事務所です。

「デイヴィッド、こっちへ行こう」アルネがいい、つきあたりに場内に出るドアのあるわきの通路に入って行った。

"Come this way, David," Arne said, and took me down a side passage with an open door at the end leading out to the racecourse.

この翻訳文も英文和訳としては「正しい」のでしょう。英語の方をちらっと見てください。an open door を修飾する at the end と leading out to the racecourse をちゃんと名詞の前に置いて訳しています。

けれども、日本語訳を読んですぐに位置関係が把握できるでしょうか？　把握できる人はまずいないと思います。日本語訳には「つきあたりに」という修飾部分が唐突にあらわれるため、頭の中で「通路のつきあたり」という風に結びつけることができないからです。

原文で表現されている順番通りに訳してみましょう。

「デイヴィッド、来てくれ」とアルネが言うので、あとを追って廊下に出ると、つきあたりにドアがあいていて、その向こうに走路が見えた。

どうでしょう、実に単純な空間ではありませんか？単純な名詞修飾でも、語順通りに理解することがどれほど英文をわかりやすくしてくれるか、また逆に返り読みの英文和訳がどれほどわかりにくくしてしまうか、明らかになったのではないでしょうか？　これが「英文和訳をするからわからなくなる」という意味です。

主節・従属節という迷信

ここまで書いてきたことをひとまとめに、

「主節・従属節という迷信を捨てること」

と言い換えることもできます。before の前後をひっくり返した奇妙な翻訳は、すべて「before のあとに主語述語がある場合は従属節なので、主節の前に訳す」といった英文和訳の常識にしたがっていたのです。

主節というとどうしても「エラい」感じがして、従属節というとどうしても「エラくない」ような気がします。学校英文法はこの二つの呼び名にとらわれて、ずいぶん間違った理解をしてきたと思います。とくに文法用語をあやつるのが得意な英語の先生たちが、罠にはまってしまいました。

既知情報・新情報

「主節・従属節」の代わりにもっと新しい文法（たとえばコミュニカティブ文法）で言う「既知情報・新情報」という考え方を参考にすると、語順通りに理解することの大切さ、逆に言えば「学校英語の迷信」が、明らかになってきます。

ごくおおざっぱに言えば、文は既知情報と新情報から成り立っています。既知情報というのは会話の当事者双方が「すでに知っていること」で「旧情報」と呼ぶこともあるようです。それに対して新情報は「新たに付け加わる、より大事な情報」です。たとえば、

She was speaking to me.

では普通 me が強調され、She was speaking の部分が既知情報、to me の部分が新情報となります。だから場合によっては「君に話してるんじゃない。黙ってて」という含みになります。

そして、この二つの種類が文の中で登場する順番はほとんど常に「既知→新」になっています（例外はたとえば It is ...that... . わざわざひっくり返すことで注目させています)。

そこで、一つの文が「既知・新」の二つの部分からできているとして、文と文の受け継ぎを次のように模式化してみます。既知情報を表す部分に「 ’」をつけてあらわすと、次のようになります。

......

A’, B
B’, C
C’, D
D’, E
E’, F

……

この五つの文を語順通りに読めば、なんということはありません。

A’→B→B’→C→C’→D→D’→E→E’→F

と、きれいに並びます。つながりは自然そのものです。

主節・従属節にしたがうと……

ところが、学校英語のしきたりにしたがってうしろからひっくり返って訳すと、

B, A’
C, B’
D, C’
E, D’
F, E’

と訳すことになり、その結果、文と文のつながりは、

B→A’→C→B’→D→C’→E→D’→F→E’

となります。とくに B–B’、C–C’、D–D’、E–E’ の受け継ぎがすっかり離れてしまっています。

これでは情報の受け渡しはずたずた、頭の中はめちゃめちゃです。入学試験の「長文読解」に受験生が苦しむ

のも無理はありません（孤立した一つの文を訳しているときには、返り読みの英文和訳でなんの問題も見えてきません)。

返り読み地獄

受験生にはさらにきびしい仕打ちが待っています。まず第一に、長文読解では文の数が五つどころではありません。何十とつながっています。その上一つ一つの文にふくまれる「意味のかたまり」は、上の例よりはるかに複雑です。挿入があったり、同格があったり、後置修飾節があったりします。

さらにおそろしいことに、英文和訳をすると一つ一つの文の中も語順通りには理解しないので、いよいよ受験生は混乱します。たとえば一つの文の中に五つの要素（意味のかたまり）が並んでいたとします。それを、

1-2-3-4-5

とあらわすと、1はたぶん主語でしょうか。2は動詞、3、4、5は目的語やなんらかの副詞句だとしましょう。「誰々が、どうした、何を、どこで、いつ」というようななつながりでしょう。

通常の英文和訳では訳す順番は、

1-5-4-3-2

となります。「誰々が、いつ、どこで、何を、どうした」

のような訳ですね。

けれどもちょっと文が複雑になると、生徒はしばしば「どこから訳してよいのかわからない」と悲鳴をあげます。ときには最初に副詞句が来ているかもしれない！　動詞が二つあって、離れているかもしれない！　目的語に後置修飾がある！

そんなふうにどこから訳していいのかわからない文が、仮に今の例のように五つの部分から成っているとします。すると英文和訳方式では、可能な順番は５の階乗個あることになります。つまり

５！＝120通り

の訳があり得るわけです。これはまさに「！」というしかありません。六つの部分から成り立っている場合は720通り!!　八つの部分では5760通り!!!　試験時間中に正解にたどりつく可能性は……かぎりなくゼロに近い!!!!

５文型を捨てよう

いわゆる５文型はこの「場合分け」をふやすことに貢献しているという意味で、英文の理解を混乱させている張本人と言えるでしょう。５文型という考え方を使う場合は、まず英文を最後まで見て、それから各部のつながりを考えていきます。これが５文型のいちばん悪いところで、５文型を意識すると、英文を頭から語順通りに理解することができなくなります。

次の講でくわしく説明しますが、英語でいちばん頻繁に使われる the や and、which、he、she 、カンマなどは、すべて語順通りに理解していく中で交通整理の役目を果たしています。一見むずかしそうに見える挿入や同格も、語順通りに読んでいけば、実はごく単純な理屈で理解できるのです。それなのに順序を乱しながら英文和訳していては、そうした大事な文の流れを見失うことになり、結局行きまどうことになるのは目に見えています。いわば5文型という抜け道を使ったために、道に迷ってしまうのです。

受験生が長文解釈の一つ一つの英文について、何百という可能性の中からたった一つの「正解」を探しだし、それをやっとのことでつないでいくと、今度は先ほどの既知情報・新情報の乱れにぶつかります。長文読解が受験生にいやがられるのは、そうしたもつれをほぐす努力が過重だからだといっていいでしょう。

多読の効用

ところが、「長文はおかげさまで得意っすよ」という受験生がいました。ぼくの多読指導を受けた生徒です。日本語に訳さずに、語順通りに理解していけば、長文の方が短文より情報が多いだけにわかりやすいとも言えるのです。ことわざには「月夜に釜を抜く」のように、意味のわかりにくいものがよくありますが、これは情報の少なさがわかりにくさを生む事情を物語っています。

意味のかたまり

それでは語順通りに理解するとはどういうことなのか、もう少し詳しく考えてみましょう。これには第2講ですでに触れた「意味のかたまり」が大切な役割を果たします。

まず例を見て、既知情報・新情報の乱れを確認しましょう。そのあとで、意味のかたまりごとに頭から理解すると、どれほどきれいに整理されるかをたしかめることにします。

どちらもとても長い引用ですが、理解する必要はありません。斜線はいまのところ無視してください。あとで話題にします。ただ、四角でかこんだ部分だけ注目してください。英文の四角 A と、それが既知情報になった A'は、二つともすぐ近くにあります。それに対して日本語訳の四角 A、A'は遠くはなれています。四角 B、B'についても同じで、英文の方は近いのに、日本語訳はとんでもなく遠くにあります。これが既知情報・新情報の混乱の例です。

なおこの引用は、デイヴィッド・ロッジ（David Lodge）というイギリスの大学教授が書いた *Small World*（『小さな世界』高儀進訳、白水社）という本からのものです。ある夏に航空会社のストライキが頻発して、国際学会に出席しようにも飛行機の席がとれなくなり、学者たちが悲惨な目にあう様子を描写しています。

...The captain's last recorded word/ was a “A Damn.” / A' Stronger expletives are used/by travelers/fighting at the counters of travel agencies/to transfer their tickets/to airlines operating Boeing 747S and Lockheed Tristars; /or at having to accept/a seat on some slow, clapped-out DC-8/with no movies and blocked toilets, /flying to B Europe via Newfoundland and Reykjavik. / Many conferees/arrive at B' their destinations this summer/more than usually fatigued, dehydrated and harassed

……録音されている機長の最後の言葉は、A「畜生」であった。自分の航空券を、ボーイング747とロッキード・トライスターを使っている航空会社の航空券に替えてもらおうと旅行代理店のカウンターで躍起となっている旅行者や、B ヨーロッパ に行くのにニューファウンドランドとレイキャビックを経由する、映画は上映されずトイレットに汚物が詰まっているという、スピードの遅いおんぼろＤＣ８に乗らざるを得ない旅行者は、A' もっと激しい罵りの言葉 を使う。今年の夏、学会参加者の多くは、いつもより疲弊し、脱水し、苦しんだ状態でB' 目的地 に着く。

うしろから訳す英文和訳としてはまあまあ優等生の訳ですが、こまかいわかりにくさは無視するとしましょう。原文ではA→A'→B→B'と、情報が受け渡されているのに、翻訳ではA→B→A'→B'となっていて、その離れ方がすさまじいことがわかると思います。「翻訳ものは読みにくい」というのは、まさに英文和訳のわかりにくさのせいだということがよくわかります。

語順を尊重して……

原文とおなじ順番に訳せば読みやすくなります。ちっともむずかしいことではありません。下はたくさんあるにちがいない訳の一例です。

> ……録音に残っていた機長の最後の言葉は[A]「くそっ！」だった。が、[A']そのくらいでは おさまらないのは、いましも旅行代理店のカウンターにむらがっている客で、なんとしてもボーイング747機かロッキード社のトライスター機を使っている航空会社に振り替えてもらおうと必死に訴えたあげく、スピードの遅いおんぼろＤＣ８に乗せられ、映画も上映されず、トイレはつまったまま、その上[B]ヨーロッパ まで飛ぶのに途中ニューファンドランドとレイキャビクに止まっていく。今夏、学会出席のために[B']ヨーロッパ各地 に着くころには、先生方は例年にも増してふんだりけったりで、体も心もぼろぼろなのだ。

やさしい本の多読は長文読解に役立つのか？

けれどもやさしい本ばかり読んでいて、こんなに長くてむずかしい英文を理解できるようになるのでしょうか？

なります。実例はいくらでもあります。みなさんの日本語能力もまたとない実例です。複雑な構文解析の訓練など受けなくても、読めるものを読みたいように読んできただけで、専門書も読めるようになっています。

それにすでに書いたように、ぼくの多読指導を受けた高校生の中に、3カ月足らずで「ハリー・ポッター」を読めるようになった人が何人かいます。「ハリー・ポッター」は児童文学ですが、決してやさしい文章ではありません。やさしい本からすこしずつレベルを上げていくと、いつの間にかむずかしい本も読めるようになっているのです。さらに『指輪物語』や TIME を読みはじめた人もいます。

なぜ役立つのか

実例があるだけではなく、理論もあります。

長く見える文も、短く見える文も、実は小さな「意味のかたまり」からできています。上の英文にあった斜線は「意味のかたまり」を区切ったものです。この区切りごとに理解していくと、たとえば下のようになると思います。

……この機長の最後に録音された言葉は／[A]「くそ」だった。／[A']もっと激しい言葉が使われる／旅行者たちによって／（その人たちは）旅行代理店のカウンターで争っている／航空券を振り替えてもらうために／ボーイング747やロッキードトライスターを運航している航空会社に／喧嘩しながらしぶしぶ受け入れる／スピードの遅い、おんぼろＤＣ８の席を／映画はなく便器は詰まっている／（ＤＣ８は）飛ぶ[B]ヨーロッパへ／途中ニューファンドランドとレイキャビクに寄って。／たいていの学会参加者は／この夏（ヨーロッパの）B' 目的地 に着く／いつもより疲労し、脱水し、邪険に扱われて。／

第2講で書いたように、黄色レベルの本も青レベルの本も、ピンクレベルとたいしてちがわない長さの「意味のかたまり」からできています。上の引用は英語国の知識人向けに書かれた小説ですが、「意味のかたまり」の長さは7語か8語くらいのものです。赤レベルの graded readers では5、6語でしたから、たいして変わりません。言いかえれば、**「文が長くなる割には意味のかたまりは長くならない」**のです。

とすれば、どんなに長く、複雑に見える文でも、前から順に、意味のかたまりを理解していけばいいことになります。

「どこからどこまでが意味のかたまりかを、どうやって判別すればいいのか？」という質問が出てきそうです。難問です。ぼく自身だいぶ長い間考えていますが、簡単な答えはまだ見つかっていません。おそらく簡単な基準で判別することは無理なのではないかと思えます。たぶんぼくたちは頭の中で、7、8個の語の意味や含みや守備範囲をすばやく計算して、ここからここまでと判別しているのでしょう。

複雑な話のようですが、どうも心配はないようです。ある語に何回も出会っているうちに、その語の意味や含みや守備範囲はひとりでに分かってくるように思われます。またしても日本語の例を出せば、日本語だっておなじように意味のかたまりをとらえられるようになってきたのだと想像できます。

意味のかたまりをつなぐもの

意味のかたまり一つ一つは、その中の語の意味によって、前後の意味のかたまりと結びつけられています。ある語の意味が、前後の意味のかたまりとどんな風に結びついているか、それは大きな問題なので機会を改めなければなりません。けれどもかたまり同士を結びつける役割の語がいくつかあって、それは比較的わかりやすい働きをしています。

次の講では、少しだけ結びつきのあり方を見てみようと思います。英語の代表選手とも言える the と and を例にとりあげます。語順通りに理解していくとはじめて、この二つの語がこれまでの学校英語の理解をはるかに越えた重要さを持っていることが見えてきます。

第16講　「the＝その」を捨てる
——学校英語の迷信

before を「……あとで」、after を「……前に」と理解すべきだという提案だけでも、学校英語の大黒柱を切り倒すには十分だったと思いますが、まだ納得できないという人には、いくらでも覆すべき常識があります。代名詞などはその典型ですが、この講では泣く子も黙る「定冠詞—the—」に関する常識を壊して、学校英語が裸の王様だったことを証拠立ててみようと思います。

英語でいちばん出現回数の多い単語

定冠詞にはもちろん何の罪もありません。日本の英語の先生が勝手に誤解していることが問題なのです。実際は the は英語の中でいちばんの働き者、学校英語では無視され続けている、かわいそうな「縁の下の力持ち」です。本来の英語の中では要所要所を守って、話の流れをよくする大事な仕事を受け持っているのです。

何十万とある英単語の中で、繰り返し使われる語はどれかという統計はいくつもありますが、ほとんどの場合 the が最上位をしめます。

たとえばアメリカのブラウン・コーパスというデータベースは、アメリカ英語の現状を示す英文（書き言葉）を100万語分おさめていますが、このデータベースの出現頻度順の上位11語は次のようになっています。なお、右側の数字が、このデータベースの中に何回登場するかという出現頻度をあらわしています。

1	the	69975回	
2	be	39175回	
3	of	36432回	
4	and	28872回	
5	a	23073回	
6	in	20870回	
7	he	19427回	
8	to	15025回	（to 不定詞の to）
9	have	12458回	
10	to	11165回	（前置詞の to）
11	it	10942回	

見たとおり、the は「ダントツ」の１位です。

それにしては学校英語ではひどく無視されていませんか？　教室でもたいていは無視され、英和辞典を見ても、かならず「その」というまちがった訳語がついている上に、ご丁寧に「訳さなくてもいい」などという注釈がついています。

日本語では「その」はまったく重要な言葉ではありません。出現回数だって、微々たるものでしょう。the はちがいます。断然トップの1位です。出現回数で the に匹敵する日本語はあるのでしょうか？

もっと重大な疑問は、「出現回数が多いのは大事だからで、そのいちばん大事な the が無視されてきたのは、学校英語が英語のもっとも基本的な仕組みを無視してきたからではないか？」ということでしょう。

unlearn：the に「意味」はない

the を「その」と訳すのはもちろんあやまりです。というよりも、日本語には the にあたる言葉はないのです。ではなぜ the よりもはるかに出現頻度の低い「その」になぞらえられたり、「訳さなくていい」ことになったり、不当な扱いを受けてきたのか？

学校英語の常識中の常識「the＝その」をうたがってみることにしましょう。英語でいちばん頻繁に使われる語の理解がちがっていたとすれば、学校英語、英和辞典、英語専門家の理解がちがっていたことになりはしないでしょうか？

まず the の本当の役割を確認します。そのあとで、なぜその役割が日本の学校英語では認識されなかったのかを考えましょう。

the には「意味」はありません。役割があるだけです。そしてその役割は名詞につけた「荷札」のようなものです。お届け物に「割れもの注意！」という札がついているように、the は情報の送り手から受け手に**「この the のついた名詞はあなたが指させるものですよ」**と伝えているのです。

指をさす方向

では指はどこをさしているのか？

可能な方向は三つしかありません——前方と垂直と後方と。ここでいう方向は本のページの上でのことです。話し言葉では「方向」のたとえがわかりにくくなるので、紙の上のこととして読んでください。話し言葉でも基本的にはおなじことですが、時間的な方向になるので、理解しにくくなってしまいます。

前方参照

これはわかりやすいでしょう。学校英語でも「前に出てきたものにつける」と教えられている役割です。

> A mouse went out in his boat, but there was no wind.
> The boat did not move.
> "Wind," shouted the mouse.

二つの the はどちらも前に出てきた mouse、boat を指さしています。前というのは、文の流れの左方向を指していると思って、つまり「前（すでに出てきたところ）を見てください」という意味なので、「前方参照」と呼ぶことにしましょう。

垂直参照

これはちょっとわかりにくいのですが、本のページ面から読んでいる人の方向に垂直に矢印が立っていると想像してください。つまり、本の中には指させるものが出てこないのです。けれども次の二つの根拠によって、本の外にあるものを指すときにつけます。

・本に描かれた状況から：部屋の中にいるとすれば、the door はその部屋のただ一つのドア
・常識から：the planet といえば普通「地球」のこと

後方参照

英文和訳をしていると、後方参照はいつまでたってもわかりません。the はもともと「ご存じの」という標識なのですが、この後方参照の the がついている名詞は、前を読んでも、常識を働かせても、思い当たるものがない！

不思議なことに、その場合は「いま説明するのですぐに『ご存じの』になりますよ」という標識になります。これは矛盾していますが、たぶん「節約」のためにそういう仕組みになっているのでしょう。「すぐ指させるようになりますよ」という役割の別の語を作ってもよかったのでしょうが、実際には the 一つで用は足りているわけです。

三方向の実例を見てみる

三方向を示す the を実例でたしかめてみましょう。下の文は、すでに何度も紹介したロアルド・ダールが、子ども向けに書いた自伝 *Boy* の冒頭部分です。冒頭です

から、ここに引用した以外の情報は常識から判断することになります。

これも英文を理解する必要はありません。1．前方参照、2．垂直参照、3．後方参照がどのように現れているかを確かめるだけで結構です。

When my father was fourteen, he was up on [2,3] the roof of [2] the family house replacing some loose tiles when he slipped and fell. He broke his left arm below the elbow. Somebody ran to fetch [2] the doctor, and half an hour later this gentleman made a majestic and drunken arrival in his horse-drawn buggy. He was so drunk that he mistook [1] the fractured elbow for a dislocated shoulder.

二つの数字をつけた場合がいくつかあります。これは視野の広さによって、どこを見れば指させるかが変わってくる場合です（「文法」というのは、決して一筋縄ではいかないものとあきらめてください）。

後方参照も大事

Boy は自伝なので、事実の描写が多く、そのために前方参照、垂直参照が後方参照よりも多くなっています。大学入試問題のように抽象度の高い文章では、後方参照が急に多くなります。次の例はアメリカの週刊誌 TIME からとったものですが、これも内容を理解する必要はありません。ただ前方、垂直、後方の数だけたし

かめてください。

This is [3] the season when one tends to think about God (if one thinks about God at all), and I would like to offer [3] the opinion that God is not thinking about us. Or if he is (I'll stay with he), one has no way of knowing that unless, of course, one is like Mohamed Atta, who had a pathological view of faith, or Jerry Falwell, whose mind is Taliban minus [1,2] the blood lust. This week [2] the Taliban leader, Mohammed Omar, may be wondering how tight he is with God, after all. In September he was certain that God rooted for our extinction. Now, with [2,3] the surrender of Kandahar, [1] the mullah may be shopping for a more competent deity.

3が増えています。とくに二つ目の the は入試問題などでよく出る「接続詞の that 以下」で説明がされています。

称号としての the

the の役割は、基本的にこの三つの方向を指す以外にはありません。けれどもそこから発展していった役割があって、それはもう「意味」があると言ってもいいような場合さえあります。the のすべての役割を説明する場ではありませんが、そうした発展形の中から、theの基本的な役割を理解する助けになりそうな例を一つだけ見ましょう。

theは「指させるもの」につけるので、そこから「代表的なものを引っ張り出す」役割も出てきます。たとえばアメリカの大リーグ野球でthe manと言われた人がいます。テッド・ウィリアムズで、最後の4割打者でした。

大リーグの野球は男ばかりがやっているのだから、その中でただ「例の男」と呼んで誰のことか「指させる」というのは、「男の中の男」まさに「称号」と言っていいでしょう。

おなじような例に長嶋茂雄さんがいます。気持ち悪い呼び方ですが、マスコミで長嶋さんを「ミスター」と呼ぶことがあります。成年の男ならば誰でも「ミスター・なんとか」と呼ばれていいはずなので、「ミスター」だけで呼ぶというのも「称号」を与えていると言えるのではないでしょうか。

日本でも一時、何かというと「ザ」をつけることがはやりましたが、あれは意外にtheの本当の役割をはずしていなかったと思います。

学校英語の化石──『ロイヤル英文法』

最後にtheに関する学校文法のまちがいの中から、とくに気をつけておくべき点を指摘しておきます。

旺文社から出ている『ロイヤル英文法』は、旧式な英文法を何もかも拾って全部並べたという点で、何十年も前の英語の常識を化石のように残しています。したがって昔の学校英文法がどういうものであったかを、かなり網羅的に知ることができます。

この本では案の定、the を「特定のものを指す」としか説明していません。この説明は正しくありません。決定的に大事な「情報の送り手と受け手の双方にとって「特定」」という説明がなされていないのです。

the の役目は「受け手が指させるものですよ」という標識なので、「情報の送り手にとってのみ特定」である場合は the をつけることはできません。この点をあいまいにしていると、the をどう使っていいのか、いつまでたってもはっきりしないのです。

この点でまともな説明をつけている参考書はめったにないようですが、培風館の『英文法精解』(木村明著)は例外です。「定冠詞をつける名詞は、当事者双方にとって「特定」particular でなければならない」とはっきり書いています。また『英文法解説』(江川泰一郎著、金子書房)も、『英文法精解』には遠く及びませんが、「何を指しているかが相手にすぐわかる特定のもの」につけると書いてあります。けれども『英文法精解』や『英文法解説』の正論は、なぜか英和辞典や学校英語の常識にはなっていないのです。

語順通りだからこそ生きる the

the が、読者または聞き手に「あなたが指させるものですよ」と知らせる標識であるとすると、その矢印が意味を持つのは情報が一方に(書き言葉なら左から右へ、話し言葉なら過去から未来へ)流れているときだけです。文字か音声かは問わず、情報があっちこっちと流れをかえてしまったのでは、the の示す方向は意味がなくなってしまいます。

日本の学校英語は返り読みをすることで、情報の流れを無視してきました。うしろから返り読みして、日本語の語順に直せることが理解したことだと考えてきました。英文の情報の流れがめちゃくちゃになってしまった場合には、the がいくら方向を指示していても、意味がなくなってしまいます。英語でいちばん頻繁に使われる the が無視されてきたのは、返り読みによって the の意義がなくなってしまったからなのです。

英和辞典が the に「その」という訳語を当てたり、「the は訳さない場合が多い」などと書いているのは、まったくのところ、いままでの日本の英語理解がいかにあやまっているかを示すものと言っていいでしょう（そもそも訳すか訳さないか、などということは辞典が言及すべき事柄ではありません。「そんなことを書かなければならないのは何かがおかしい」と気づくべきなのです）。

ちなみに、調べたかぎりの英和辞典で「情報の送り手と受け手の共通理解」について書いたものは一つもありませんでした。

ではaは？

最後の最後に、不定冠詞についてもひとこと触れておくべきでしょう。不定冠詞はさきほどの言い方を使えば垂直参照しかありません。ただし「指さすことのできない」不特定の一つです。

つまりaをつけると「ほかにも同種のものはたくさん

ある」という含みをもっています。いちばんわかりやすい訳語をあげるには、またしても長嶋茂雄さんにご登場願うことになります。すなわち長嶋さんの口癖「いわゆる一つの」こそ、a の本質なのです。a が出てくるたびに「いわゆる一つの」と置き換えてみてください。もちろん日本語としては変ですが、単に「一つの」と訳すより話がわかりやすくなるはずです。

unlearn：君は and を知っているか？

この題名は少々大上段に振りかぶってしまいました。けれども、中学校１年以来おなじみのはずの and です。にもかかわらず and が英語の理解に障碍となっているという話は聞きません。それだけに、もし and の理解がまちがっているとしたらおおごとです。ちょっとは振りかぶってもいいような気がします。

and ってどういう意味？ と聞かれたら、だれだって「そして」とか「……と」と答えるでしょう。それがなんとまちがっているのです。

and を英和辞典で調べると、千篇一律「そして、……と」という訳語を載せています。けれども and のいちばん大事な役割に触れている辞書は一つもありません。日本語で書かれた文法書もおなじです。例によって例のごとく、日本語に訳すための英和辞典であり、日本語を通じて英語を理解するための文法書だからです。

and に例外なし

英和辞典や英語の先生がなぜ誤解しているかといえば、

and を日本語に直して理解しているからです。and も theと同じように、「意味」はなく「役割」があるだけです。and の役割はきわめて厳密に決められています。例外は一つもありません。そして、おなじ役割をになう語は日本語にはありません。ではその役割は何か。例を見ながら少しずつ本当の役割に迫っていきましょう。

次の文を全部読むことはありません。四つの下線部を並列している and が、最後の名詞の前についていることだけ確認してください。

His clothes were hung in the single cupboard, a pair of bright green corduroy trousers, one or two shirts, pullovers and one formal suit.

この文も『女には向かない職業』という探偵小説からとりました。

女性の私立探偵が、あるケンブリッジ大学生の死について調査を依頼され、学生が暮らしていた小屋を調べています。部屋の中を見ていくと、一つだけ物入れがありました。青年はここに何をしまっていたのか？ 緑色のズボン1本、シャツが1枚か2枚（くっつくようにかかっているのでわからない？）、セーターが何枚か、それにフォーマル・スーツが1着。

青年の部屋をこまかく観察すれば、いろいろなことがわかるはずです。青年がふだん何を考え、どんな暮らしをしていたか、変死の謎を解く手がかりはないか……女探偵の目はどんな細部も見逃すまいと、一つ一つ数え上げていきます。

だから物入れに入っていたものはすべて並べてあります。ということは、いま数え上げた以外には注目すべきものはないということです。one formal suit の前に and を使ったのは、**「必要なものは全部数え上げた」**という宣言なのです。

and の第一の役目――「次で終わり」

and はとても強い宣言です。「注目すべきものはほかにはない！」と言い切っているのです。大変強い存在なので、いないときにも巨大な存在感があります。非在には非在の意味がある……。

言い切っていない例を見ましょう。そうすれば非在の and が「言い切る」強さがよくわかってきます。

さきほどの変死した青年の小屋のまわりには庭があります。小屋は借りていたもので、大家さんの広大な庭のすみにありました。まわりには青年とは関係のないものがいろいろ散らかっていたようです。

> The ground was scattered with old pots and pans, the upended skeleton of a pram, a battered and rusty gas stove.

and が二つ出てきますが、これは pots と pans、battered と rusty を並べているだけなので、old pots and pans と a battered and rusty gas stove は一かたまりなのだと思ってください。

そうすると、小屋の回りの庭にちらかっていると描写されているものは三種類、つまり old pots and pans（鍋釜）と、the upended skeleton of a pram（乳母車）と、a battered and rusty gas stove（ガスレンジ）の三つです。

注目すべきは、ガスレンジの前に and がない！

and は「数え上げるべきものは次で終わり」と言い切る語です。その原則に例外がないとしたら、いろいろ並べているのに and がないということは何を意味しているでしょう？

そう、「ガスレンジで終わりではない。ほかにも転がっているものはあった」と言い切っていることになります。

庭にころがっているものは、大家さんが捨てたものかもしれないし、だれかが投げ捨てたのかもしれません。青年とは関係がない可能性があります。小屋の中の物入れはまちがいなく青年の持ち物だけが入っているはずなので、細大漏らさず数え上げましたが、庭にころがっているものは、すべてに注目する必要はないと判断したことがわかります。

言ってみれば、and なしで並べられている場合も、and が単に省かれた例外的な場合ではなく、and はそこに存在しないことで基本的な役割をしっかり果たしているといえます。

……ま、非在の在、とでもいいましょうか……。

A and B and C の場合

この並び方も原則に反するように見えます。and は「同じものを並べてきましたが、次で終わりですよ」という標識だと書きましたが、この A and B and C という並べ方は原則に反しているように見えます。

いや、それでもやっぱり反していないのです。例を見ましょう。

The Giraffe and the Pelly and Me

これはロアルド・ダールの黄色レベルの本の題名でした。この形の場合、書いている人は the Giraffe and the Pelly と並べて、the Pelly で終わり——と見せかけてもう一度、「終わりだと思ったでしょうが、これもある」とばかりに Me を付け加えているのです。だから「次で終わりですよ」という and の役割に変わりはないわけです。

こんな風にAとBとCを強調するやり方は多少とも強引なので、滅多に見ません。大人向けの小説では1冊に1回もないくらいでしょう。大学の授業でアメリカの週刊誌 TIME を読んでいたころには、A and B and C という形は今年度30週くらい読んで、1回も出てこないだろうと説明していました。週刊誌のおもな役割は報道なので、冷静に表現したがるのでしょう。

どちらかというと大げさに表現する児童文学には、頻繁に見られます。たとえばさきほどのロアルド・ダールの書名のように、子ども向けの作品にはよく使われています。

もう一つの大事な原則——同じ形を並べる

and について日本の英語教育界が大きな誤解をしていると気がついたのは、大学の授業中でした。ぼくもまだ先生になったばかりで、TIME や Newsweek を訳させる授業をしていたのですが、学生が and のところにくると、and の前でまずは訳を切ってしまいます。and の後は、別の文が始まると思うのでしょう。それで and のあとを見て、「あ、これは前の語と並べてあるな」と気がつくと、元へ戻って並べてあるいくつかの語の最初から訳し直す、ということが頻発しました。

そのうちに原因に思い当たりました。学生は and の役割を誤解していたのです。学生は英文和訳に四苦八苦しているので、and が出てくると、まるでながーい階段の踊り場のように、あるいはながーい旅路のオアシスのように、一休みしないわけにはいかないのです。

and がわかれば読解力は20%上昇する！

そこで、ぼくが考え出した助言が、「and は「次で終わりですよ、だからもう一息がんばって」という標識なのだ」という説明でした。そしてその助言を頭にとどめてもらうために「単語も文法の知識も今のままでも、and の役割を納得すればそれだけで読解力は20%上がるよ」と言いました。

これは単なる方便ではありません。and は、the のところで出てきた頻度別ランキングでは、なんと堂々の4

位です。これほど頻繁に使われる語の理解が深まったら、20％くらいは本当に力が増すと思います。

学生に対する具体的な指導は「and が出てきたらそこで休まずに、次の語を見てごらん」というものでした。これが and について知っておくべき第2の原則に関わってきます。

きれいにそろった例

and の次を見るとたいていの場合（そのほかの場合についてはあとで説明します）、and が何と何を並べているのかわかります。and は文の中で同じ役割をしている語を並べて「次で終わりですよ」と教えてくれるわけですが、並べる語は「同じ形」がのぞましいのです。多少ちがう形のこともよくありますが、まずはわかりやすい例をお見せしましょう。

この例は日本語に訳せば「ウィトゲンシュタイン：炉ばたの決闘」となりそうな本からとりました。20世紀哲学界の巨人ウィトゲンシュタインと、やはり著名な哲学者カール・ポッパーの対決を描いた本です。舞台は主にイギリスのケンブリッジ大学。ウィトゲンシュタインはここで哲学サークルのリーダーをしていました。下の文はこの本の著者が、「このサークルの集まりに毎週参加するのは大変だ、なぜかというと学生たちにはさまざまな誘惑があるから」と説明している部分です。下線部の形だけに注目してください。

There were debates to be joined, music to be

played, magazines to be edited, politics to be argued over. There was the call of the stage, the river, and the sports field.

さまざまな誘惑の例として数え上げられている「お楽しみ」は、music to be played 以下すべて「名詞+to be+過去分詞」ときれいにそろっています。学生たちは「ディベートはある、演奏会はある、雑誌も編集して、政治論もたたかわせて」と、大忙しだということです。最初の文の最後に挙げられた politics の前に and がありませんが、これはもちろん「非在の and」が読者に「次で終わりではありません。まだ言ってない誘惑があります」と伝えているのです。

最初の文ですべてを数え上げられなかったので、There was ではじまる次の文でさらに学生たちの「お楽しみ」を列挙しています。こちらは the stage, the river, the sports field が学生たちを誘惑するというわけで、すべて定冠詞つき、しかもそれぞれ「芝居、舟遊び、スポーツ」の場ですから、意味の上でもきれいにそろっています(ちなみに the river は前にも出てきた舟遊びのことです)。

最後の the sports field の前に and があります。当然「数え上げるべきお楽しみはこれだけ」という含みです。原文ではこのあと、お楽しみではなく学業の方へと話題がかわります。

and が並べる語は「同じ形がのぞましい」とさっき書きました。その方が何を並べているのかわかりやすいし、第一きれいだからです。

多少形はちがっても意味からわかるはずだという場合は、ぴったり同じ形でないこともよくあります。

けれども形がそろうときれいです。そこで、多少とも凝った文章はできるだけ形を整えます。上の例は相当な美文調と言っていいでしょう。

きれいにそろいすぎた例

もう一つ、おなじ本からおなじように凝った例をあげましょう。炉ばたの決闘の場面にいた3人目の哲学者バートランド・ラッセルを評した文です。ラッセルは晩年反核運動で投獄されるなど、平和のために闘う哲学者として知られていましたが、家族からは「ひどい人間だった」といって、批判されていたというのです。

> ... (his family) accused him of coldness, callousness, and cruelty.

coldness 以下3つの名詞はどれも抽象名詞で、どれも形容詞から作ったもの。言葉の「レベル」が同じです。その上どれもcではじまっていて、見た目も頭の中でひびく音もおなじ……。

「冷酷で、やさしさがなく、残忍な」人だったという内容を考えると、グロテスクなくらいきれいな文章になっています。

and が出たら、「もう一息！」

というわけで、美しい形になっているかどうかはともかく、and で一休みしてしまう傾向のある人は、なんとかがんばって and の次の語まで目に入れてほしいと思います。その語（語群のこともあるのでややこしい）と同じ役割をしている語を直前から思い出して、「あ、ここにおなじ役割の語（群）があった、これだな」と確認してください。

ウィトゲンシュタインの本の例のようにきれいな形というのはそうはありませんが、たくさん読むうちに、だんだん and の次の語まで目が行くようになり、おなじ役割の語を探すのも簡単になるでしょう。また、「非在の and」もすぐに見つけられる（！）ようになるでしょう。

and になぜ例外がないか

and になぜ例外がないのでしょう？ これも Good question！で、まだ答えは出ていません。大事な問題ですが、ぼくには今のところ答えをどう見つければいいのかさえわかりません。

けれども、今のところの予想では、英語は語順が大事なために、おなじ役割をする語を一かたまりにする必要があり、そのために、**「ここまでで終わり！」**という標識が必要だったのではないかと考えています。

日本語では語順はそれほど重要ではありません。日本語では語の役割を示すには「助詞」が使われます。

きのう、新宿に映画を見に行ったんだよね。

という文では、「新宿に」や「映画を」の助詞「に」、「を」が名詞の役割を示しています。したがって語順はどう変えても名詞の役割を誤解することはありません。

見に行ったんだよね、きのう、新宿に、映画を……
映画（を）、見に行ったんだよ、きのう、新宿にさ
きのう、行ったんだよね、見に、新宿にさ、映画を

これはずいぶんおおざっぱな例ですが、基本的に日本語は語順がそれほど大切ではないことがわかると思います。

ですから、助詞を省いた次のような見出し（毎日新聞）は非常に読みとりにくくなってしまいます。2002年の冬に「ムネオ疑惑」で有名になったある衆議院議員（当時）について、見出しは次のようになっていました。

鈴木宗男議員：聴取は拒否する姿勢　外務省

「：」を使って工夫したのでしょうが、これでは「聴取を拒否」しているのが鈴木宗男議員なのか、外務省なのか、わかりません。実は拒否しているのは外務省なのですが、助詞を省いても「拒否」の主体である「外務省」を最後に持ってきたことは、日本語が語順をかなり自由に変えられることをものがたっています。

つまり、語順がそれほど大事ではない日本語には and

のように厳密に並列を示す語は必要ないわけです。逆に and は語順の大事な英語にとっては厳密に使われます。

学校英語の非常識

theについてもandについても、大事な情報を書いていない英和辞典はなんのためにあるのでしょう？　また、大事なことを書いていない文法書に存在意義はあるのでしょうか？

学校英語の常識が実際の英語とかけはなれているのは、theやandだけではありません。英語でもっとも使われる回数の多い語ほど、誤解がはびこっています。the、a、and、代名詞の数々——こうした最頻出語はどれも間違って理解されているのです（前置詞は少々事情がちがって、誤解は少ないと思われます。語順の問題とはあまり関係がないからでしょう）。

そしてお気づきのように、どれもいわば「機能語」です。theやandや代名詞は、それ自身には意味はなく、文のあっちとこっちをつなぐ役割だけを持っています。これはとても大事な仕事で、これなしには名詞も動詞も形容詞もばらばらになってしまい、英文そのものが成り立たなくなります。ということは学校英語は生きた英語の仕組みそのものを誤解していることになります。

学校英語の非常識はもちろんそれだけではありません。この本でくわしく書く余裕はありませんが、いくつか日本の英語専門家が誤解してきた点を並べておきましょう。

たとえば時間表現について誤解していて、英語の過去はすべて「……た」と訳せばすむように思いこんでいます。現在完了は「……してしまった」とか「……してきた」と訳せば日本語に直せたつもりになっています。

日本語の時の表現はどちらかというと相対的で、英語の時間のとらえ方はどちらかというと絶対的なのですが、二つのちがう言葉がおなじように時間を表現していると思いこんで、きわめて単純な置き換えですませています。

また、英語の代名詞は自分（または語り手）を中心にすえて、いつもその視点から見て代名詞を選びます。いわば絶対的な関係をあらわしますが、日本語の「ぼく」「あいつ」「きみ」などは視点が常に動き回って、相対的な関係を表現します。

問題は深く大きいので、上の説明だけではわかりにくいでしょう。実害を一つだけあげておくと、文法書に出てくる、例の「話法の転換」があります。面倒くさい「転換規則」を覚えさせられたことがあるはずです。実は時制、時間意識、代名詞といった日本語と英語の大きな違いが納得できていれば、なにも考えずにどちらの話法でも表現できるはずです。

また英語はものごとを具体的、個別的にとらえる言葉なのに、日本語とおなじように抽象的、集団的にとらえる言葉だと思い違いをしています。そのため学校英語は、最近の文法が a、the、some、a little、many、his、their などを determiners（限定詞）と呼んで一まとめにしている意義に気づいていません。これまで通り冠詞、形容詞、代名詞として分けて考えるので、実は一つの機能を果たしていることが認識できないのです。

determiners の例を敷衍すると、もっと大きな疑問にぶつかります。これまでの品詞分類はどれほど有効なのだろうか？　品詞を金科玉条として文法を教えることに意味はあるのだろうか？　たとえば and を but や or とおなじく「等位接続詞」という分類におしこむことで、and がわかったことになるのでしょうか？　品詞分類に対するこうした疑問もまた、学校英語の土台を揺るがす大問題です。

けれどもこうした学校英語の非常識をくわしく指摘することは、次の機会を待つことにしましょう。とりあえず unlearn の各講であきらかにしたかったことは、学校英語は音についても、語についても、文法についても大変な誤解をしていて、使いものにならないということです。

学校英語は捨てるしかありません。さっぱり捨てて、幼児にもどって絵本を読んでいくことが、結局100万語の頂に到達するいちばん早い道なのです。

頂上からのながめ──「めざせ100万語！」の先へ

さあ、ついに100万語の頂からのながめを楽しむときが来ました。

見下ろすと、たった今登ってきたゆるやかな graded readers の道、そして graded readers 以外の一般書の急坂が見えます。ところどころで見た映画は、さわやかな音を立てて流れる沢のように新鮮でした。

足元の頂上には大衆向けのペーパーバックが見えます。そして少し離れた頂には「ハリー・ポッター」が見え、日本語版というリフトを使って行くこともできます。

もう少し離れたところには、あなたのお気に入りのミステリーがそびえています。新刊を読みたいとなると、もうちょっと読破語数をふやさないといけませんね。でも足の届く範囲です。

シャドーイングもやってきた人には映画の峰も魅力的です。子ども向け映画なら、分速200語をこえている場合は、英語字幕で楽しめる映画も出てくるはずです。

100万語の山頂に立ってペーパーバックを自分で選べるようになると、視界が広がってきます。ちょっと大げさですが、未来が広がると言ってもいいかもしれません。

多読の整理として、文法の授業へ

ぼくの多読指導もいよいよ広がりを見せています。すでに、多読指導を3カ月以上受けた大学生を対象に、文法と会話と英文を書く指導をはじめています。材料は、これまで何年も授業で使いたいものだと思っていて一度も使ったことのない教科書を使います。イギリスで作られた、英語を外国語として学ぶ人向けの教科書なのですが、それをやっと使える時が来たと思うのです。

この教科書は聞く、話す、読む、書くがすべて入っています。そして基本的に文法事項を積み重ねていく形になっています。ぼくの授業で、ずっとやさしいレベルしか読んでこなかった人の中には、「前置詞もわからない」と不安をもらす人がいます。

「めざせ100万語!」でやさしいレベルの本をたくさん読んだ人が、自信を持って「やさしい本が読めるだけじゃない。英語がわかるようになった」と言えるには、読んだ量を質に変えてあげる必要があると思われます。

実際にはわざわざ変えなくても、文法に合った文を作れるようになると思われます。母語の場合も量だけで「文法的な」文を作れるようになったのですから。でも量にだけ頼る方法は時間がかかります。中には、早めに不安をとりのぞかなければ、この先読み続けないかもしれない人たちがいます。この教科書を使って、体にためこんだ英文を整理すれば、自信につながり、さらに高い頂に挑戦する勇気が出てくるはずです。

実は、文法はこんな風に「量から質へ」の転換のために使うべきものでしょう。はじめに量ありき、です。文法の説明に出てくるような文にたくさん出会ったあとで、こんな風な仕組みがあったんだよと整理してあげること、そして整理された知識を、話すときや書くときに使えるようにしてあげること、それが文法を学ぶ唯一の意義です。

「めざせ100万語！」の先へ

けれども「めざせ100万語！」の未来は文法による整理だけではありません。それと平行して、次のようなことが考えられます。

すでに何度も書いたように、読書量が100万語に達するころには、辞書を引かず、わからないところを飛ばすことが当たり前になっています。さらに、車でいえば「若葉マーク」の段階とはいえ、自分でペーパーバックを選べるようにもなっています。その上、もしシャドーイングが性にあって続けているとすると、多読と平行して「多見聞」とも言うべき方法が使えます。

ちょっと古い言い方をすれば「マルチメディア」というのでしょうか。大量の英語に、文字を通してだけでなく、音声と映像も通して一緒に触れるやり方です。さまざまなメディアを通じて大量の英語を吸収することができます。

映像と音声は非常に印象的で、しかも状況をはっきり知らせてくれます。ある言葉が流れの中で、どんな調子で、どんな表情で語られ、それが相手にどんな反応を引き起こすか、そういったことが一目で見てとれます。
　多見聞にはやはり映画がいちばんでしょう。そして映画を何度も見て、せりふと音をたしかめるには、ＤＶＤを使うのがいちばんです。

英語字幕でＤＶＤを見る

　映画の総語数は、１時間半の映画でおよそ１万語くらいです。１分間200語の速さで読める人は、１時間半に２万語近く読むことになりますから、映画からの吸収量は読書よりすくなくなります。けれども一つ一つの表現が印象的に迫ってきますから、定着率は本よりいいかもしれません。いつか話せるようになるためには、ペーパーバックを読むより効率的な吸収法だと思います。
　けれどもまだ解決していない課題があります。映画の欠点はレベル分けがむずかしいことです。一応の目安としては、子ども向け映画は比較的やさしいと言えます。一方で、「リトル・ダンサー」や「ブラス」のようなイギリス映画は、方言がすこしむずかしいでしょう（実際の方言のむずかしさはあんなものではありませんが）。アメリカ映画では犯罪もの、戦争ものは、イギリス映画の方言とおなじようにわかりにくいはずです。
　そういったことをいろいろ考えながら、映画についてもレベル分けをしたいものだと思っています。そしてそれぞれの映画からどんなことが学べるのか、ゆくゆくはそれも明らかにして、発表したいと思います。
　なお、すでにわかっていることをちょっとだけ書いておくと、理科系の分野に興味があるならテレビの Dis-

covery Channel は絶好です。映画のような物語性はありませんが、語り手が比較的ゆっくりと、癖のない英語を話します。それに実に作り方がうまくて、理科のさまざまな分野だけでなく、犯罪や災害や、考古学、歴史についても、たくみな構成で楽しませてくれます。ぼくはいつもちょっとのつもりで見はじめて、引き込まれ、つい最後まで見てしまいます。「事実は小説よりも奇なり」を実感することでしょう。専門用語に親しむにも最高です。

いずれはインターネット、そしてほかの外国語へ

また、インターネットのホームページもレベル分けしたいと思います。できればピンクレベルから楽しめるホームページを探して、少しずつレベルを上げていけるようにしたいのです。そこには文字だけでなく、音声も映像もついていることでしょう。ひょっとすると映画よりもっと印象的に吸収できるかもしれません。

『どうして英語が使えない？』ではパソコン・ゲームを紹介しました。ずいぶん問い合わせがありましたが、いまではもっとすごいコンピュータの利用を予測することができます。

すでに「ウルチマ・オンライン」などのネットワークゲームでは、英語で会話することもできます。いまはまだゲームの中で知り合った人とキーボードを打って会話するだけですが、まもなく音声で会話することもできるようになるでしょう。そうなれば、いよいよすばらしい英語の獲得法になるでしょう。もちろん英語だけではあ

りません。ほかの外国語でもインターネットは重要な役割を果たすことになります。いや、英語以外の言葉は本や音声教材が手に入りにくいので、インターネットこそ量を吸収するためのただ一つのメディアになるかもしれません。

振りさけみれば……

英語以外の外国語の話が出たところで、日本語の多読について書いて、「めざせ100万語！」の結語としましょう。

ぼくたちは英語の本を100万語分読むという頂に立ったわけですが、うしろを振り返ってみると、出発した麓のずっと先に大きな山がそびえています。英語のどの山よりも高く壮麗かもしれません。それは日本の古典の峰々です。ぼくたちは古文の勉強というと、「る、らる、す、さす……」と、古典文法の暗記をしますが、これもまちがいだろうと、ぼくは思います。

英語の獲得に多読がいちばんなら、古文の獲得にも多読がいちばんのはずです。しかも古文の場合は graded readers がすでにできています。平成から昭和、大正、明治、江戸と、歴史をさかのぼっていけばいいはずです。そしていつか「ふりさけみれば……」の『万葉集』や『古事記』に登頂できる……。

古文の点数がひどく悪かったので、そうやって古文を楽しめるようになることはぼく自身の夢でもあります。

もっと遠くを見ると……

英語や、そのほかの外国語や、古文に有効な「めざせ100万語！」のやり方は、実はほかのどんな教科にもあてはまるはずだと思います。

もちろん、数学に多読に相当するものがあるかどうか、わかりません。けれども子どもたちをねじり鉢巻きから解放して、気持ちのおもむくままにみずから体得させるというやり方自体は、英語以外にも成果を上げるはずです。

その「成果」は点数にはあらわれないかもしれません。子どもたちはただそれぞれの好奇心にしたがって何かを発見していくだけですから、点数にはなりにくいでしょう。

けれどもぼくの「めざせ100万語！」の授業に出てくる学生たちのように、体の中に大事なものをたくわえていくことはまちがいありません。四天王寺国際仏教大学のベニコ・メイソンさんが昔言った言葉が思い出されます。10年ほど前にある学会で多読授業について講演したあと、「多読は学生にとってどういう意味があるのか」と質問されて、メイソンさんはこう答えたのでした。They feel good about themselves. つまり「自分で自分をほめたくなる」ということです。「めざせ100万語！」は生徒や学生を解き放ちます。そして自分の足で歩き、自分の頭で考えるようになるのです。

資料編　多読村（http://tadoku.org）について　（2010年7月）

2002年6月に本書の初版が出版されて、8年が経ちました。2010年7月現在、本文中に何度も出てきた「SSS英語学習法研究会」は「SSS英語多読研究会」（http://www.seg.co.jp/sss）と名前を変えています。また、わたしは2008年4月にSSSを離れ、「多読村」サイトをネット上に開設しました。本書の第13版を機会に、2002年6月以来の変化と、そこから見えてきた今後の方向、そして「多読村」サイトの役割についてお話ししておきましょう。

過去8年の変化

本書初版出版の約半年前に上記SSSのサイトからはじまった多読の普及は、幸い予想をはるかに越えて歓迎されました。本書の一つの目安であった100万語を達成した人の数は、おそらく数千人に及ぶと思われます。また2005年にわたしが共著者として執筆した『教室で読む英語100万語』（大修館書店）以来、学校や高専、大学などへの多読普及が加速したように見えます。

普及の早さもさることながら、驚いたことに100万語は通過点でしかなかったようで、100万語到達後も多読の楽しみは読書の楽しみとなったたくさんの人がさらに英語の本を読み進め、1000万語を越える読書量の人が続々と現れただけでなく、現在報告されているところではなんと5000万語以上読んだ人まで出てきました。

数字ばかりが普及の目安ではありません。もっと大事なことに、多読で英語と親しくなった人たちはさまざまな方向へ歩を進めています。たとえばドイツ語、フランス語、中国語、スペイン語を多読している人もいます。また、多聴も当たり前のようにはじめる人が増え、映画や海外のテレビドラマを英語音声で楽しむ人がたくさんいます。

さらに、まだ少数ですが、積極的に英語で海外の人たちと交流する人が出てきました。海外の添削サイトで互いに日英語の添削をしあう人たち、Skype で毎週話をする友だちを見つけて、家族でその人の家族を訪問した人、manga の英訳をはじめた人など、英語の多読で開いた扉からそれぞれの道を歩みはじめる人は日々増えています。

多読村サイトの目的と利用法

多読村サイトを開設したのはこうした進展に対応し、さらに多くの人が外国語を活かす道を見つける手助けをするためでした。そのために、現在整備中の多読村には、これまでに4つの区域が誕生しています。

「掲示板」　多読仲間のおしゃべりの場です。情報交換、悩み相談、外国語獲得の進捗状況報告、催しのお知らせと報告など、外国語と関わる中でおしゃべりしたいことはなんでも話題にすることができます。多読や多聴ははじめてでどうしたらいいかわからない人、はじめたけれどいろいろ疑問や質問が出てきた人、次にどういう方向に進んだらいいかわからないという人に、たくさんの先輩がやさしく助言してくれるはずです。

「多読村 Wiki」　2010年6月現在でははじまったばかりで発展途上にありますが、掲示板などでお知らせのあった本や音源や映画やテレビ番組やインターネットの情報、図書館や洋書店の情報、学校や児童英語教室やブッククラブの情報などを保存して、いつでも見られるようにします。

すでにある「多読・多聴リンク集」には英語学習やmanga、小説、Podcast、科学に関する本の情報などが集められています。また、「村のビデオ屋さん」には映画やネット上の動画、映画や海外ドラマの脚本のあるサイトなどの情報があります。ゆくゆくは本についても音声素材や映像素材に関しても総合的なデータベースをめざしています（なお、2010年現在では多読用図書の情報はSSSのサイトにある書評のサイトがインターネット上ではもっとも充実しています。http://www.seg.co.jp/sssreview/jsp/frm_a_130.js）。

「東1号館716室」　サイトの主宰者であるわたしの大学研究室から名前をつけました。多読村サイトの前身は「こども式」と言いました。現在「716室」では「をさなごのやうに」というモットーの下に、幼な子の母語獲得をおとなが外国語について真似できるかどうか、真似できるとしたらどうしたら学校で得た知識を無駄にせずに済むのかといった研究をしています。

村の「東1号館716室」はその成果を公開する場所です。「多読」「多読的リスニング」「多読的おしゃべり」

「多読的ライティング」「多読的シャドーイング」などについて、わたしの多読的アプローチ研究の最前線を蓄積しており、今後もさまざまな研究成果が付け加わるはずです。

「町の名前を一つ」　わたしのブログです。折に触れ多読的アプローチについて考えたことや、全国で開かれる講演会やオフ会（インターネット上で知り合った人が実際に集まる会）のこと、サイトのメール・フォームからいただいた質問や疑問への答えを書いています。

多読村の将来

村にはこれからもさまざまな施設が加わり、外国語を使えるようになった人たちや使えるようになりつつある人たちの、活動の場になります。

たとえば「多読村国際空港」はすでに整備がはじまっており、いずれ英語だけでなく各国語で海外の人と交流する場になるでしょう。また「村のこんにゃく屋さん」では多読的翻訳について語ったり、実際にインターネット上でワークショップが開催されます。

こうしたことすべては、多読からはじまった外国語獲得が試験や資格のためではなく、わたしたちの実際の生活を豊かにするために企画されています。

これまで日本では外国語、とくに英語の学習は、学習そのものが自己目的化していました。それに対して「をさなごのやうに」外国語を獲得した人たちは、母語を使うように外国語を使うことでしょう。それは暮らしのためかもしれません。あるいは交友のためだったり、趣味のためだったり、なにかを創造するためかもしれません。
用途や目的や夢はひとりひとり異なるでしょうが、本書が8年前にはじめた「多読三原則」を自家薬籠中のものとした人たちは、どなたもみんな肩の力を抜いて、道程そのものを楽しみつつ目的地へ向かうことでしょう。多読村はそうした人たちを支え、そうした人たちに支えられて豊かになっていくはずです。みなさんが多読村の村人になってくださることを願っています。

あとがき

この本では、書きたいことが多すぎて半分しか書けませんでした。

原因は二つあります。一つは単に材料を集めすぎたこと。もっといろいろなことについて、もっとこまかく書きたかったと思います。もう一つは「めざせ100万語！」という方法がまだまだ発展途上にあって、文字通り「日々」変わっているからです。

毎日のように新しい課題が出てきます。たとえばまだ、「読める」とはどういうことか、つかめていません。とくに英語の初心者が「読める」とはどういうことなのか？ どのくらい英語の知識があれば本を読めるようになるのか？　といったことはこれから答えがでてくるはずの疑問です。

また、もう少しこまかいことでは、ある本に使われている語のうち、何％わかっていれば読み通せるのか？ １ページに10語以上もわからない語がある本を読み通せるのはなぜなのか？（10語以上というのは、これまでの研究成果をくつがえすものです)。

文法構造の知識はどういう風に育っていくのか？　英語の時間意識や、単数・複数の意識のような基本的な認識の違いは、はたして獲得されるのか？

また、多読指導をするときに、どういうタイミングで上のレベルを読むように助言するのか？　橙レベルと黄色レベルの間にあると思われる大きな壁はどうやって越えるか？　スランプに陥った人にはどんな指導があるのか？　なかんずく「めざせ100万語！」を途中でやめてしまう人はどんな原因でやめていくのか？　戻ってくることはあるのか？　戻ってくるとしたらどういう理由で？

さらに、体にためこんだ英語はいつ、どうやって手や口から出てくるようになるのか？　多読とリスニング、シャドーイングとリスニングなどの関係はどうなっているのだろうか？　そのきっかけは何だろうか？　話すため、また書くための文法指導はいつから、どんな風にはじめればいいのか？

まるでパンドラの筐を開けてしまったかのようです。

一部はおそらくエジンバラ大学の多読研究プロジェクトをくわしく調べることで解決するかもしれません。このプロジェクトは、子ども向けに独自のレベル分けを行っていますが、ぼくはまだよく知らないのです。まずは日本の（おもに大人相手の）レベル分けをある程度確立してから、エジンバラ大学のレベル分けとくらべてみたいと思います。今後の課題です。

さらに、本文に出てきたスチーブン・クラッシェンさんの著作をもう一度読み直す必要があります。「クラッシェンさんの書いていることは腑に落ちる」と『どうして英語が使えない？』で書きましたが、ここ３年間の多読授業でぼく自身が得た知見によって、いよいよクラッシェンさんは「的を射ている」という感じが強くなりました。クラッシェンさんの友だちであるベニコ・メイソンさんとさらに協力していけば、理論的な答えがみつかるかもしれないと思っています。

できるだけ早く、こうした課題になんらかの答えをみつけて、またみなさんに読んでいただきたいと願っています。

最後の最後にこの本を書くにあたって協力してくれた人たちに感謝の言葉を贈ります。

まず SSS英語学習法研究会の古川昭夫さん、河手真理子さん、佐藤まりあさん。この人たちはこの本で書いた「学習法」の普及に献身的な努力をしてくれています。ぼくが提供している指導が食材だとすれば、この人たちは食材を非常に厳しく選ぶ料理人です。原稿の批評も実に厳しいものでした。すべてに応えられなかったことが残念です。

次に、ぼくの授業を手伝ってくれた西森潤さん。すばらしい洞察力の持ち主で、的を射た批判をしてくれただけでなく、人間として大きな人で、その温かみがどれほど授業を楽しくしてくれたことか。

まだ生煮えの段階から原稿を読んでくださった、坪井栄治郎さん、山岡洋一さん、白倉克文さんにもお礼を申し上げます。ありがとうございました。

そして家族がいます。たくさんの本を読んでくれて、レベル分けに協力してくれました。また原稿書きに詰まったときに遊んでくれました。最後の校正も手伝ってくれました。

最後にいちばん大事な人たち、つまりぼくの指導を受けた高校生、大学生、社会人、掲示板に参加してくれた人たちに感謝します。ご覧の通り、この本の核はぼくの「授業」です。この人たちの意見や感想がたくさん引用されていますが、それだけではなく、受講生なしにはそもそもはじまりさえしなかった本なのです。中でも「めざせ100万語！」の方法が授業でも可能だということをわからせてくれた、電気通信大学情報工学科の渡辺さんと高橋くんに深く感謝します。

SEG でぼくの指導を受けた高校生にも感謝します。うっかり屋で気まぐれなぼくを寛大な心で許し、導いてくれました。とくにこの本の発想を最初に与えてくれた関くん、戸田くん、幸くんに感謝します。

実は、ぼくがいちばん教えられることの多かった学生たちは、まだペーパーバックを読むようになっていません。この人たちは電気通信大学の学生で、「めざせ100万語！」の指導を受けはじめたときは、よちよち歩きでした。

そうした人たちの中には、さいわい「めざせ100万語！」のやり方があったのか、ゆっくりと足慣らしをして、黄色レベルを読むようになり、ダールの本まで読むようになった人たちがいます。中でも仲山さん、永澤さん、佐藤さん、井上さん、久保くんは授業の前後に本を運んでくれるなど、物理的な面でもぼくを支えてくれました。この人たちをはじめとする電気通信大学の学生が「めざせ100万語！」を信頼してくれたからこそ、ぼくは続けてこられたのだと思います。

この人たちのいちばんいいところは、英語の本を読むことを楽しんでいることです。この人たちは急ぎません。急がせようとしたこともありますが、あきらめました。徹底的に自分のペースで、読みたいように読んでいます。レベルを上げること、早くペーパーバックに進むことだけが「めざせ100万語！」の目的ではないことを教えてくれたのは、この人たちです。

ありがとうございました。

みなさん、これからも一緒に Happy reading!

本書は「ちくま学芸文庫」のために新たに書き下ろしたものである。

名文　中村明

名文とは何か。国木田独歩から宮本輝に至る五〇人の作家による文章の精緻な分析を通して、名文のスタイルの構造を解明する必携の現代文章読本。

文章作法入門　中村明

書きたい！　茫漠としたその思いを形にし、文章を発信するときのすべてを解説。原稿用紙の約束事から論理的な展開法にいたるまで徹底指導する。

悪文　中村明

文法的であってもどことなくしっくり来ない日本語表現をAからZまで26のテーマに分類、誤用・悪用例をとおして日本語の面白さを発見する。

「不思議の国のアリス」を英語で読む　別宮貞徳

このけたはずれにおもしろい、奇抜な名作を、いっしょに英語で読んでみませんか――『アリス』の世界を原文で味わうための、またとない道案内。

日本語のリズム　別宮貞徳

耳に快い七五調の基盤には四拍子のリズムがあった！「声に出して読む」日本語から文化のアイデンティティーに迫る異色の日本語論。（安西徹雄）

さらば学校英語
実践翻訳の技術　別宮貞徳

英文の意味を的確に理解し、センスのいい日本語に翻訳するコツは？　日本人が陥る誤訳の罠は？　達人ベック先生が技の真髄を伝授する実践講座。

達人に挑戦
実況翻訳教室　別宮貞徳

達人ベック先生の翻訳教室を紙上に再現。幅広い分野の課題を出題、生徒の訳例を俎上に、的確な読みと一歩上行く訳を教授する、上達約束26講。

裏返し文章講座　別宮貞徳

翻訳批評で名高いベック氏ならではの文章読本。翻訳文を素材に、ヘンな文章、意味不明の言い回しを一刀両断、明晰な文章を書くコツを伝授する。

わたしの外国語学習法　ロンブ・カトー　米原万里訳

16ヵ国語を独学で身につけた著者が明かす語学学習の秘訣。特殊な才能がなくても外国語は必ず習得できる！　という楽天主義に感染させてくれる。

非常民の民俗文化　赤松啓介

柳田民俗学による「常民」概念を逆説的な梃子として、「非常民」こそが人間であることを宣言した、赤松民俗学最高の到達点。（阿部謹也）

アイヌの昔話　稲田浩二編

アイヌ族が遠い祖先から受け継いだ韻文のユーカラと散文のウェペケレの中から最も愛されているものを選び「昔話」の名で編集。文庫オリジナル。

異人論　小松和彦

「異人殺し」のフォークロアの解析を通し、隠蔽され続けてきた日本文化の「闇」の領野を透視する。新しい民俗学誕生を告げる書。（中沢新一）

聴耳草紙　佐々木喜善

昔話発掘の先駆者として「日本のグリム」とも呼ばれる著者の代表作。故郷・遠野の昔話を語り口を生かして綴った183篇。（益田勝実・石井正己）

百鬼夜行の見える都市　田中貴子

古代末から中世にかけ頻発した怪異現象・百鬼夜行を手掛りに、平安京・京都という都市と王権が抱え込んできた闇に大胆に迫る。図版多数。（京極夏彦）

汚穢と禁忌　メアリ・ダグラス　塚本利明訳

穢れや不浄を通し、秩序や無秩序、存在と非存在、生と死などの構造を解明。その文化のもつ体系的宇宙観に丹念に迫る古典的名著。（中沢新一）

初版　金枝篇（上）　J・G・フレイザー　吉川信訳

人類の多様な宗教的想像力が生み出した多様な事例を収集し、その普遍的説明を試みた社会人類学最大の古典。膨大な註を含む初版の本邦初訳。

初版　金枝篇（下）　J・G・フレイザー　吉川信訳

なぜ祭司は前任者を殺さねばならないのか？　そして、殺す前になぜ〈黄金の枝〉を折り取るのか？　事例の博捜の末、探索行は謎の核心に迫る。

火の起原の神話　J・G・フレイザー　青江舜二郎訳

人類はいかにして火を手に入れたのか。世界各地より夥しい神話や伝説を渉猟し、文明初期の人類の精神世界を探った名著。（前田耕作）

妖怪の民俗学　宮田登

妖怪はいつ、どこに現われるのか。江戸の頃から最近の都市空間の魔性まで、人知では解し難い不思議な怪異現象を探求する好著。（常光徹）

南方熊楠随筆集　益田勝実編

博覧強記にして奔放不羈、稀代の天才にして孤高の自由人・南方熊楠。この猥雑なまでに豊饒な不世出の頭脳のエッセンス。（益田勝実）

贈与論　マルセル・モース　吉田禎吾／江川純一訳

「贈与と交換こそが根源的人類社会を創出した」。人類学、宗教学、経済学ほか諸学に多大の影響を与えた不朽の名著、待望の新訳決定版。

象徴天皇という物語　赤坂憲雄

天皇とはどんな存在なのか。和辻、三島、柳田、折口らの論を検証しながら象徴天皇制の根源に厳しく迫る、天皇論の基本図書。（中野正志）

日本中世都市の世界　網野善彦

自由、流通、自治等中世の諸問題を実証的に追究し、非農業民、都市民の世界である新たな中世社会像を提唱する画期的な論集。（桜井英治）

日本の歴史をよみなおす(全)　網野善彦

中世日本に新しい光をあて、その真実と多彩な横顔を平明に語り、日本社会のイメージを根本から問い直す。超ロングセラーを続編と併せ文庫化。

日本史への挑戦　森浩一　網野善彦

関東は貧しき鄙か？　否！　古代考古学と中世史の巨頭が、関東の独自な発展の歴史を掘り起こし、豊かな個性を明らかにする、刺激的な対論。

山の民・川の民　井上鋭夫

中世以前、山河に住む人々はいかに生き、その後どんな運命を辿ったのか。非農業民に逸早く光をあて中世史の新展開を導いた名著。（赤坂憲雄）

敗者の戦後　入江隆則

ナポレオン戦争のフランス、第一次大戦のドイツの戦後を日本の場合と比較し、「戦後」の普遍化をめざす文明史的試み。（長谷川三千子）

ちくま学芸文庫

快読《かいどく》100万語《まんご》！ ペーパーバックへの道《みち》

二〇〇二年六月十日 第一刷発行
二〇一一年四月二十日 第十四刷発行

著者 酒井邦秀（さかい・くにひで）

発行者 菊池明郎
発行所 株式会社 筑摩書房
東京都台東区蔵前二―五―三 〒一一一―八七五五
振替〇〇一六〇―八―四一二三
装幀者 安野光雅
印刷所 中央精版印刷株式会社
製本所 中央精版印刷株式会社
乱丁・落丁本の場合は、左記宛にご送付下さい。
送料小社負担でお取り替えいたします。
ご注文・お問い合わせも左記へお願いします。
筑摩書房サービスセンター
埼玉県さいたま市北区櫛引町二―六〇四 〒三三一―八五〇七
電話番号 〇四八―六五一―〇〇五三

ISBN4-480-08704-4 C0182